河北经贸大学金融与企业创新研究中心　资助
河北经贸大学出版基金

激励目标异质性、高管激励与盈余管理
——基于国企分类的视角

Heterogeneity of Objectives，Executive Incentive and Earnings Management
—— Based on the Perspective of Classificaiton of SOEs

■ 孙多娇　著

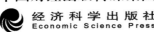

中国财经出版传媒集团
经济科学出版社
Economic Science Press

图书在版编目（CIP）数据

激励目标异质性、高管激励与盈余管理：基于国企
分类的视角／孙多娇著．—北京：经济科学出版社，
2021.11

ISBN 978 – 7 – 5218 – 3138 – 2

Ⅰ.①激…　Ⅱ.①孙…　Ⅲ.①国有企业 – 领导人员 –
工资管理 – 激励 – 研究 – 中国　Ⅳ.①F279.241

中国版本图书馆 CIP 数据核字（2021）第 246672 号

责任编辑：杜　鹏　郭　威
责任校对：王肖楠
责任印制：邱　天

激励目标异质性、高管激励与盈余管理
——基于国企分类的视角

孙多娇　著

经济科学出版社出版、发行　新华书店经销
社址：北京市海淀区阜成路甲 28 号　邮编：100142
编辑部电话：010 – 88191441　发行部电话：010 – 88191522
网址：www. esp. com. cn
电子邮箱：esp_bj@ 163. com
天猫网店：经济科学出版社旗舰店
网址：http：//jjkxcbs. tmall. com
固安华明印业有限公司印装
710 × 1000　16 开　11.5 印张　180000 字
2021 年 11 月第 1 版　2021 年 11 月第 1 次印刷
ISBN 978 – 7 – 5218 – 3138 – 2　定价：69.00 元

前　言

　　现代企业制度所有权和经营权相分离，引发了委托代理问题，为了缓解股东与管理层之间的矛盾，激励契约可以使股东和管理层之间的利益趋于一致，激励管理层努力生产经营，提高公司价值，增加股东财富。但如何设计行之有效的激励契约是实务界和学术界广泛关注的问题。协同论认为，高管激励方式可以分为以货币薪酬和股权激励为代表的显性激励及以晋升为代表的隐性激励两类。本书以国有企业作为研究对象，为了突出研究重点并保证数据规模，本书的激励方式主要考虑货币薪酬和晋升激励。以往无论是对货币薪酬还是对晋升激励的研究，其有效性的标准基本是提升企业财务业绩，实现企业价值最大化。这基本符合企业的经营目标，但我国的国有企业除肩负企业盈利的经济目标外，还需承担非经济目标，如服从国民经济发展战略规划、宏观调控、就业和维护社会稳定等，这些都会削弱企业价值最大化的目标，进而降低国企高管激励中业绩指标的重要性，导致高管激励与业绩之间相关性较差。同时，国企本身存在巨大差异，国企尽管都有国有资本控股或参股，但其规模、股权结构、治理结构、涉足领域、所在地域、经济地位存在巨大差异。尽管国企承担社会目标等非经济目标，但并不是每一个国企都承担所有的非经济目标，也并不是每一个国企都以相同的比重承担各个非经济目标，尽管都是国企，但其承担非经济目标的情形也存在差异，这也影响了高管激励的效果。

　　长期以来，设计良好的高管激励契约被认为是实现经理人目标和股东目标兼容的主要机制之一，可以激励管理层努力经营，提升企业业绩。但瓦茨和齐默尔曼（Watts and Zimmerman，1978）指出，绩效型薪酬契约很可能诱导高管实施机会主义盈余管理，操纵会计业绩来获取最优私人利益，进而降低绩效型薪酬契约抑制代理问题的有效性。高管之所以要操纵盈余进行盈余管理，是因为其个人利益如股票期权、货币薪酬、晋升激励都与企业财务业绩挂钩，这符合国外的制度背景和微观环境。但由于我国的国有企业承担多重任务目标，高管激励与业绩关系比较复杂，因而对高管行为的影响可能也存在差异。

企业经营目标构成了高管激励契约的基础（Gibbons，1998），即激励目标。高管激励有效性的衡量标准应该是激励措施是否能促使高管完成企业的经营目标，我国国有企业承担多重任务目标，经营目标除了提升企业财务业绩外，还包括地方经济增长、促进就业、社会稳定等。由于激励目标存在差异，因而高管激励有效性衡量标准存在差异，高管激励有效性的考核指标存在差异，因此，操纵财务业绩指标的盈余管理活动也应该存在差异。以往也有学者关注到国有企业的多重任务目标及其对高管激励效果的影响（刘青松、肖星，2015），但不同国有企业经营目标是否各有侧重、不同国有企业具体的经营目标是什么，都没有明确的界定。

2013年11月12日党的十八届三中全会《中共中央关于全面深化改革若干重大问题的决定》及2015年中共中央《关于深化国有企业改革的指导意见》指出，根据国有资本的战略定位和发展目标，将国有企业分为商业类和公益类。商业类国有企业按照市场化要求实行商业化运作，以增强国有经济活力、放大国有资本功能、实现国有资产保值增值为主要目标。公益类国有企业以保障民生、服务社会、提供公共产品和服务为主要目标。文件不仅明确了不同类别国企经营目标存在差异，而且清晰界定了不同类别国企的经营目标，这为我们基于目标异质性研究高管激励效果及对高管行为的影响提供了契机。2016年9月国资委、财政部联合印发了《关于完善中央企业功能分类考核的实施方案》，2016年12月国资委又印发了《中央企业负责人经营业绩考核办法》，这两个文件将分类考核的思想贯彻到国企高管考核领域，对不同类别国企高管设置了不同的考核指标，体现了激励目标存在差异，则高管激励有效性衡量标准存在差异、高管激励有效性的考核指标存在差异的原则。

本书从激励目标异质性出发，基于国企分类的视角，以国企控股A股上市公司2003~2017年数据为样本，实证检验了国企高管激励契约的有效性及经济后果，本书研究的主要问题和发现如下。

第一，基于激励目标异质性验证不同类别国企薪酬业绩敏感性差异及作用机理。首先，验证不同类别国企薪酬业绩敏感性差异，结果表明，公益类国企薪酬业绩敏感性较商业类国企差；其次，检验异质性激励目标对薪酬契约有效性的影响，结果表明，公益类国企由于执行非经济目标（冗员负担和过度投资）从而降低了薪酬业绩敏感性。

第二，检验不同类别国企高管晋升激励的驱动因素。本书基于国企分类的视角，采用配对样本的方法，以高管不变为基准，研究了财务业绩和承担非经济目标对高管晋升和降职的影响。研究结果发现，总体来看，财务业绩和承担社会责任与高管晋升正相关，但公益类国企高管晋升只与承担非经济目标正相关，商业类国企高管晋升只与财务业绩正相关。另外，财务业绩和高管降职负相关，各类国企没有差别。公益类国企高管降职与承担非经济目标负相关，商业类国企与承担非经济目标不相关。本书研究表明公益类国企高管晋升的激励目标是实现非经济目标，而商业类国企高管晋升的激励目标是提升企业财务业绩，两类国企激励目标各有侧重。

第三，检验不同类别国企高管行为差异。通过前面的研究发现，基于激励目标异质性，不同类型国企薪酬契约的结构不同，激励措施的运用有所侧重。公益类国企高管更注重晋升激励，且更容易通过承担非经济目标达到目的；商业类国企高管更注重货币薪酬，因为受内外部市场制约，更容易通过提升企业财务业绩达成目标。基于以上发现，本书同时以应计盈余管理与真实盈余管理为研究对象，基于国企分类的视角，全面考察了管理层激励对盈余管理行为的影响。研究结果表明，在公益类国企，货币薪酬和晋升激励不会引发高管应计盈余管理行为；在商业类国企，货币薪酬和晋升激励会引发高管应计盈余管理行为，两者的差异主要是因为公益类国企货币薪酬业绩敏感性较商业类国企差，且公益类国企高管晋升与财务业绩不相关。同时，研究结果还显示，在公益类国企，货币薪酬对真实盈余管理行为不存在抑制效应，而在商业类国企，货币薪酬可以抑制真实盈余管理行为；无论是公益类国企还是商业类国企，晋升激励都会引发真实盈余管理行为，但公益类国企晋升引发真实盈余管理程度更高。

本书的主要创新有以下三个方面。

第一，定量研究了国企分类改革对高管激励契约结构、内容的影响。不同类型的国有企业，由于其功能定位和经营目标的不同，必然在代理人的监管机制、考核和薪酬契约设计上存在着差异，而以往的研究只是定性地提出了分类治理的思路和建议，并没有从定量的角度对分类治理做出相关检验和分析。同时，已有文献对高管薪酬契约的研究既未考虑国企类别的影响，也未考虑由于不同类别国企激励目标异质性导致不同激励措施激励效果及高管行为的差异。本书从分类治理的视角，定量分析了基于激励目标异质性，对薪酬契约结构、内容及有效性的影响。本书通过实证检验，发现不同类别国企薪酬业绩敏感性存在差异，不同类别国企晋升激励业绩敏感性也存在差异，不同类别国企应计盈余管理及真实盈余管理也存在差异，这是本书的创新点和贡献所在。

第二，丰富了货币薪酬和晋升激励相关文献。已有关于国企高管货币薪酬的文献大都从委托代理理论、最优契约理论、管理者权理论、薪酬管制、薪酬与国企多重经营目标、多种激励方式等方面进行研究，本书基于国企分类的独特视角，探究高管薪酬契约结构、内容及有效性，并检验了由此导致的高管行为差异，丰富了高管薪酬契约方面的文献。

对于高管晋升的研究，主要从高管晋升的影响因素、执行效果及经济后果方面进行研究，其中，高管晋升的影响因素研究是其中最受关注的话题之一。国内外已有研究表明，企业财务业绩、个人身份、所在地域、市场化程度等因素会影响高管晋升，但鲜有从国企内部差异性出发，着眼于激励目标异质性，分析不同国企高管晋升的驱动因素。本书研究发现，公益类国企高管晋升只与承担非经济目标正相关，商业类国企高管晋升只与财务业绩正相关。此外，财务业绩和高管降职负相关，各类国企没有差别。公益类国企高管降职与承担非经济目标负相关，商业类国企与承担非经济目标不相关。这丰富了晋升激励相关文献。

第三，丰富了盈余管理相关文献。首先，本书考察了两种高管激励方式对盈余管理的影响，既包括显性激励方式货币薪酬，又包括隐性激励方式高管晋升，并考察货币薪酬和高管晋升交互作用对盈余管理的影响，补充了已有文献只孤立研究单一高管薪酬激励对盈余管理的影响。其次，本书基于国企分类的视角，考察了不同类别国企高管激励与盈余管理之间关系的差别。最后，本书以应计盈余管理和真实盈余管理作为研究对象考察高管激励与盈余管理的关系。应计盈余管理和真实盈余管理的特点也决定了不同类别、不同高管激励措施与不同类型盈余管理关系存在差别。

本书从国企分类的视角，探究了不同类型国企薪酬业绩敏感性的差异及作用机理，分析了不同类型国企晋升激励的驱动因素及激励效果，检验了不同高管激励措施对高管行为的影响差异及激励措施的交互效应对高管行为的调节，为国企分类改革提供实证证据，并为国企激励机制的完善及激励契约的设计提供了参考。

孙多娇

2021 年 10 月

目　　录

第1章 绪 论

1.1 选题背景和意义

1.1.1 选题背景

现代企业制度所有权和经营权相分离，引发了委托代理问题，为了缓解股东与管理层之间的矛盾，激励契约可以使股东和管理层之间的利益趋于一致，激励管理层努力生产经营，提高公司价值，增加股东财富。但如何设计行之有效的激励契约是实务界和学术界广泛关注的问题。货币薪酬是被广泛运用的激励措施之一。货币薪酬激励契约有效的前提是与企业财务业绩挂钩，建立业绩型薪酬，高管的薪酬应该随着企业业绩的变化而变化。但在我国特殊的政治环境和经济环境下，国有企业的高管货币薪酬和企业业绩之间却出现特殊的变化，存在"薪酬涨，业绩降"和"业绩升，薪酬降"现象。为了保持社会公平、缓解社会矛盾、维持社会稳定，2009年，国资委等六部委联合下发了《关于进一步规范中央企业负责人薪酬管理的指导意见》，即"限薪令"，之后又进行了多次修订，规范了高管年度薪酬上限以及与普通员工薪酬的差距。在国有企业，货币薪酬与业绩的关系受到诸多因素的影响，货币薪酬不能完全起到激励高管、缓解代理矛盾的作用。

改革开放后，我国经济飞速发展，取得了举世瞩目的成就，其中，在国民经济中占主导地位的国有企业作出了巨大贡献，但在货币薪酬未能达到充分激励高管的目的下，是否有其他激励措施激励高管提升业绩以支撑国有企业持续高速发展？协同论认为，高管激励方式可以分为以货币薪酬和股权激励为代表的显性激励及公开的显性收入以外的隐性激励两类。因为"限薪令"存在，使晋升激励对国有企业高管具有巨大的吸引力。晋升激励成为货币薪酬激励的有效补充，激励高管提升企业业绩。但晋升激励这种激励方式从采用之初，其初衷并不仅是提升企业业绩，还要激励高管完成非经济目标。虽然中国市场经济体制与现代公司治理结构已逐渐确立，但国有企业仍面临着行政型治理和经济型治理并存的双重治理环境（林毅夫，2004），国有企业承担起如就业、社会稳定等非经济目标，承担非经济目标有可能损害企业财务业绩，但为了激励高管完成非经济目标，业绩是决定高管是否晋升的其中一个指标，而不是唯一指标。例如，2003 年国资委颁布的《中央企业负责人经营业绩考核暂行办法》经过以后多次修订，对高管货币薪酬的确定、高管年度考核和任期考核的财务指标规定得十分清晰，但业绩究竟如何对晋升产生影响，仅有业绩评价结果是高管"职务任免重要依据"这样含义模糊的表述（丁肇启、萧鸣政，2018），财务业绩在高管晋升中的地位和作用尚未厘清。

货币薪酬和高管晋升激励这两种主要的激励措施，似乎与业绩并不是简单的正相关关系，那是否表明国企高管的激励效果比较差，激励措施没有起到缓解代理矛盾降低代理成本的作用？要厘清此问题，需要结合我国国有企业的发展历程。国有企业在我国国民经济中居于主导地位，国有企业如何从过去的计划经济时代走出来并适应市场经济体制，如何提升效率实现国有经济的保值增值，如何实现和国有企业的社会、经济目标并完成其历史使命，一直是国有企业改革亟待探索的问题。国企改革经历了三个发展阶段：第一个阶段是"放权让利"阶段，国有企业由过去的计划经济走向市场经济，政府将本该国有企业享有的经营权回归企业，基本实现"政企分开"。第二个阶段是"制度创新"阶段，建立现代企业制度，实行优胜劣汰，淘汰经营效益差、不适应市场经济发展的企业，国企从一些行业退出，改变过去国企面面俱到、发展良莠不齐、国家财政负担过重的局面。第三个阶段是"国资发展"阶段，国家成立国资委代表政府行使出资人职责，政府不再直接对国企行使权利，通过"政资分离"一定程度上实现了政企分开和两权分离。党的十八届三中全会以来，国企改革进入了一个新阶段，此轮国企改革的主要目标是建立有效的制度基础保证国有经济追求"国家使命导向"的发展。国企的使命存在"一般功能论"与"特殊功能论""公益性使命"与"盈利性使命"的冲突，解决这一冲突的方法就是国企分类改革和分类治理。

2013 年 11 月 12 日党的十八届三中全会《中共中央关于全面深化改革若干重大问题的决定》（以下简称《决定》）及 2015 年中共中央《关于深化国有企业改革的指导意见》（以下简称《指导意见》）指出根据国有资本的战略定位和发展目标，结合不同国有企业在经济社会发展中的作用、现状和发展需要，将国有企业分为商业类和公益类。商业类国有企业按照市场化要求实行商业化运作，以增强国有经济活力、放大国有资本功能、实现国有资产保值增值为主要目标，依法独立自主开展生产经营活动，实现优胜劣汰、有序进退。公益类国有企业以保障民生、服务社会、提供公共产品和服务为主要目标，引入市场机制，提升公共服务效率和能力。国企分类治理的思想实际上遵循"国家使命导向"的原则，明晰了不同类型的国企在战略定位、经营目标和股权结构方面的差异，不再按统一的标准来要求和衡量国有企业，真正实现分类改革、分类发展、分类监管、分类定责、分类考核。2016 年 9 月，国资委、财政部联合印发《关于完善中央企业功能分类考核的实施方案》，明确了不同类型国企高管的业绩考核标准和考核指标，为分类改革、分类发展、分类考核制定了具有实务操作性的指导方案。

不同类别国企战略定位、经营目标不同，这必然会影响高管激励契约的结构及内容，也会影响激励契约的有效性，为我们在国企分类的框架下研究激励契约的有效性提供了契机。首先，在国企分类框架下，并不是所有国企都以盈利为唯一目标，不同类型国企经营目标各有侧重，评价激励措施有效性的标准应以是否完成企业经营目标为标准，而不仅仅是是否提升企业财务业绩。以往衡量激励契约有效性的标准一般是薪酬业绩敏感性、晋升业绩敏感性等，既未考虑国企经营目标的多元化，也未考虑国企本身经营目标的差异，因而未考虑高管激励目标的异质性。其次，因为不同类别国企激励目标不同，高管激励契约的激励目标是使高管实现企业经营目标，这既可能是经济目标，也可能是非经济的社会目标，因此，决定高管货币薪酬或高管是否晋升的考核指标就不仅仅局限于财务业绩指标，应该包括更宽泛的衡量非经济目标的指标。《关于完善中央企业功能分类考核的实施方案》明确指出，公益类国企坚持把社会效益放在首位，重点考核产品服务质量、成本控制、营运效率和保障能力，并强化考核公益性业务完成情况和保障能力，引入社会评价。最后，激励目标异质性、激励措施考核指标差异会影响高管行为。如果企业考核高管的唯一指标是财务业绩指标，高管出于自身利益的考虑会有通过会计手段操纵盈余的动机，若考核高管的指标不仅仅是财务业绩指标，甚至财务业绩指标重要性较差，那高管操纵盈余的动机较弱。

1.1.2 研究意义

1.1.2.1 理论意义

第一，从国企分类的视角，探究不同类型国企薪酬业绩敏感性的差异及作用机理。辛清泉等（2007）研究指出，随着市场经济的稳步发展，国有企业逐步建立起了业绩型薪酬，薪酬业绩敏感性逐渐加强。然而由于"限薪令"等政府干预手段存在，国企货币薪酬激励效果众说纷纭。之所以出现这种情况，原因之一就是衡量薪酬契约有效性的标准一般是薪酬业绩敏感性，未考虑国企经营目标的多元化以及国企内部差异性，因此未考虑高管激励目标的异质性。本书基于高管激励目标的异质性，从国企分类的视角，检验高管薪酬契约的有效性，丰富了货币薪酬激励方面文献。

第二，从国企分类的视角，分析不同类型国企晋升激励的驱动因素及激励效果。我国国有企业除了存在货币薪酬这种显性激励机制以外，还存在公开的显性收入以外的隐性激励机制，因为我国国企多元化的经营目标、限薪制度，晋升在激励机制体系中起着十分重要的作用。设计激励机制的目的是使高管与股东利益一致，完成企业的经营目标。经营目标的差异性决定了激励目标的差异性，从而影响晋升考核指标的差异性。晋升激励这种激励方式从采用之初，其初衷并不仅是提升企业业绩，而是要激励高管完成非经济目标。公益类国企侧重非经济目标，因此，高管晋升的考核指标也应侧重非经济指标；商业类国企侧重企业价值最大化的经济目标，因此，高管晋升的考核指标也应侧重经济指标。本书基于高管激励目标的异质性，从国企分类的视角，验证不同类型国企晋升激励的驱动因素差异及激励效果差异，丰富了晋升激励方面文献。

第三，从国企分类的视角，分析不同高管激励措施对高管行为的影响差异及激励措施的交互效应对高管行为的调节。高管激励会影响高管行为，已有研究已表明高管激励会诱发过度投资、并购、盈余管理、公益性捐赠、减少创新支出等。高管激励主要表现为两种形式：一是以货币薪酬为代表的显性激励；二是以福利和晋升为代表的隐性激励。已有研究或者着眼于某一种激励措施的经济后果，或者将国有企业作为一个整体未考虑其内部的差异性。本书从国企分类的视角，既以应计盈余管理行为作为研究对象，又考虑了真实盈余管理行为；同时考察了不同类别国企货币薪酬、晋升激励对盈余管理的影响，及两者交互作用对盈余管理的影响，丰富了薪酬激励及其经济后果方面的文献。

1.1.2.2　现实意义

第一，为国企分类改革提供实证证据。国有企业在国民经济中占有举足轻重的地位，国有企业发展直接关系到我国国民经济发展的速度和质量。国有企业改革一直是经济机制改革的重中之重，其中激励机制的发展与完善又是国企改革的重要环节。党的十八届三中全会以来，国家提出了国企分类改革的重大举措，国企改革进入了新阶段。按照国企分类改革、分类发展、分类监管、分类定责、分类考核的思想，不同类别国企的发展方向、监管力度、考核指标都存在差异，本书立足于不同类别国企经营目标的异质性，考察了不同类别国企激励措施、考核指标及经济后果的差异，验证了不同类别国企功能定位、经营目标、战略地位的差别，佐证了国企分类改革政策的必要性和合理性。

第二，为国企激励机制的完善及激励契约的设计提供了参考。激励机制可分为显性激励和隐性激励两大类，显性激励包括货币薪酬、股权激励等，隐性激励包括企业福利、晋升激励等，国有企业采用哪种激励机制、每种激励措施的考核指标及不同激励机制之间如何相互作用一直是激励契约设计过程中需要重点考虑的内容。通过本书的研究可知，公益类国企的薪酬业绩敏感性较商业类国企差，成因是公益类国企承担了更多的非经济目标；公益类国企高管晋升与财务业绩指标无关，与非经济指标正相关，商业类国企高管晋升与财务业绩指标正相关，与非经济指标无关；由于公益类国企货币薪酬和职位晋升与财务业绩的敏感性较商业类国企差，因此，公益类国企中货币薪酬和晋升激励都不会引起应计盈余管理行为，而商业类国企中货币薪酬和晋升激励都会引起应计盈余管理行为。以上研究成果为不同类型国企薪酬契约设计提供参照,首先公益类国企晋升激励能激励高管完成非经济目标,且不会引起应计盈余管理行为,因此,公益类国企应该较多采用晋升激励措施;其次商业类国企货币薪酬和晋升激励都能提升企业财务业绩,尽管会引起应计盈余管理,但由于两者的交互作用及货币薪酬对真实盈余管理的抑制作用,最终并不会引起很高盈余管理行为,因此,商业类国企应将货币薪酬和晋升激励结合运用且重点运用货币薪酬激励。

1.2 相关概念界定

1.2.1 激励目标异质性

目标是个体、群体和整个组织期望的产出,它提供了所有管理决策的方向,构成了衡量标准,参照这种标准就可以度量实际工作的完成情况(Stephen P. Robbins,2003)。激励就是领导者通过"激发"和"勉励"两种手段去激发或鼓励某种需求、思想、动机和行为以改变人们原来某种需求、思想、动机和行为的领导工作(戚安邦,2006)。领导者使用激励的关键在于通过激励使人们的行为能够更好地为实现组织目标服务,所以激励工作的指向和目的是十分清楚的,就是完成组织的目标,组织的目标决定了激励的基础。激励有效性受个体认知结构和所处外在环境影响,组织目标是影响激励有效性的外在环境因素,不同的组织目标影响激励方式的选择和激励方式有效性。

激励目标异质性即承认不同组织的经营目标不同,因而激励方式的选择和激励方式效果存在差异。斯蒂芬·P. 罗宾斯(Stephen P. Robbins,2003)指出,组织具有单一目标似乎是显然的,对于企业来说是创造利润,对于非营利组织来说是满足公众的某种需要,事实上各种组织都有多重目标。这点对我国的国有企业来说尤为明显。长期以来,我国的国有企业兼具公共性和盈利性,既要承担社会责任、政治责任,还要保证企业盈利。公共性和盈利性经营目标往往发生冲突,在多重经营目标下,导致薪酬激励、晋升激励等激励效果受到质疑。2013 年以来，国家相关部门提出国企分类改革的重大举措，根据国企功能界定、战略定位和经营目标将国企分为公益类和商业类两类，在制度层面明确界定了不同类型国企的异质性目标，为我们在激励目标异质性下探究不同类别国企激励方式的选择和激励有效性提供了契机。

1.2.2　高管人员

对于高管人员的界定，以往文献中主要存在两种观点：一种是狭义的概念，即将公司董事长、总经理界定为高管人员。这种界定方法主要用于研究高管货币薪酬、股权激励、外部晋升、不同激励机制相互作用、盈余操纵等（McGuire et al.，1962；方军雄，2011；王曾等，2014）。另一种是广义的概念，将公司管理者团队界定为高管人员，包括董事长、董事、监事、总经理、总会计师、财务总监、董事会秘书、副总经理等。这种界定方法主要用于研究高管薪酬差异、内部晋升等（Hambrick et al.，1984；Murpay，1985；徐细雄，2012）。

本书研究高管货币薪酬激励的有效性、高管外部晋升的决定因素及由激励机制导致的盈余操纵行为。在企业中，总经理具有经营决策权和财务决策权，能直接影响企业业绩，并有机会和能力进行盈余操纵。董事长代表股东对总经理进行监督，若董事长能真正行使其职权会对总经理形成有效的约束，使总经理努力工作提升企业业绩，减少盈余操纵，降低代理成本，即董事长能间接影响公司业绩和总经理的盈余操纵行为。而其他的高管并不能越过总经理和董事长而决定企业业绩或进行盈余操纵。同时，本书界定的晋升是总经理晋升董事长或总经理和董事长去母公司任职，不包含副总经理升任总经理等，因而本书把总经理和董事长界定为高管人员，作为本书的研究对象。

1.2.3　高管激励

协同论认为，高管激励可以分为显性激励和隐性激励两类，显性激励是一种正式的契约安排，使激励对象在达到一定业绩要求时可以得到固定的物质补偿，如货币薪酬、股票期权；隐性激励是正式契约的有效补充，是一种非正式契约安排，使激励对象在达到一定业绩或非业绩要求时可以获得不固定的物质补偿和非物质补偿，如晋升激励。以往国内外文献对各种激励方式的激励效果以及不同激励方式之间的交互作用进行了广泛深入的研究。

具体到我国，股权激励起步较晚且规模较小，2006 年中国证券监督管理委员会（证监会）正式颁布《上市公司股权激励管理办法》，股权激励才逐步兴起。2017 年，我国 A 股上市公司 2718 家，有高管持股公司共 1 824 家，比例为 67.11%。其中，民营企业 1321 家，比例为 48.60%；而国有企业只有 503 家，比例为 18.51%（CSMAR 数据库）。本书的研究对象为国有企业，且基于国企分类的视角，因此，考虑到研究对象及数据规模，未将股权激励纳入本书高管激励体系中。

基于本书的研究侧重点及各种激励方式的特点，界定的高管激励体系中包含两种具有代表性的激励方式，即货币薪酬和晋升激励，本书研究了两种激励方式的有效性及对高管行为的影响。

1.2.4 盈余管理

希利和瓦伦（Healy and Wahlen，1999）研究表明盈余管理是发生在管理当局运用职业判断编制财务报告以及构建交易来变更财务报告时，通过公司潜在的经济业绩来诱导利益相关者或依据会计报告中的数字来影响契约的结果。此定义从财务报告列报的角度对盈余管理概念进行界定，在侧重应计盈余管理考察的同时，也逐渐考察真实盈余管理。应计盈余管理是通过会计估计和会计政策的选择操纵盈余，它一般只改变各期盈余的分配，不会影响企业现金流量和盈余总额。真实盈余管理是通过构建真实的交易来操控盈余，如出售资产、增减研发支出、折扣销售等，它不仅影响各期盈余的分配，还影响整体现金流量水平和盈余总额。

国内外文献对应计盈余管理的研究由来已久，且已经取得了丰硕的成果（Cheng et al.，2005；Wongsunwai et al.，2013；李延喜等，2007；傅颀等，2013），近年来对真实盈余管理的研究方兴未艾（Roychowdhury，2006；

Cohen et al.，2008；李增福等，2007；袁知柱等，2014）。本书主要研究激励机制对高管盈余管理行为的影响，不同的激励机制不仅影响应计盈余管理，还会影响真实盈余管理，例如，高管为了平滑不同年份的业绩型货币薪酬，可能会进行应计盈余管理；高管为了保持业绩持续上升以实现晋升，仅仅靠各期利润平滑不足以达到目标，有可能进行真实盈余管理，操纵营业成本、费用等。因此，在综合盈余管理的内涵、研究现状及本书研究的侧重点后，本书中所指的盈余管理既包括应计盈余管理又包括真实盈余管理。

1.3　研究思路与研究方法

1.3.1　研究思路

第一，本书从理论和现实两方面分析选题的背景和意义。理论方面，从委托代理理论、高管激励理论、锦标赛理论、管理者权力理论对高管激励的原理、作用机制进行分析，现代企业制度衍生委托代理矛盾，高管激励机制可以缓解代理问题，但管理者权力过大会加剧委托代理矛盾，高管激励是否有效呢？这是本书亟待验证的问题。现实方面，我国国有企业与主要以盈利为目的的民营企业在经营目标、战略定位上有所不同，关于高管激励的理论在国企并不完全适用；并且自党的十八届三中全会以来，中国进入了全面深化改革的新时期，提出了准确界定国有企业功能和定位、分类管理、分类考核等重大举措，在国企分类改革的背景下，国企高管激励是否呈现出新的特点呢？基于理论基础和现实基础，提出本书的研究问题：基于激励目标的异质性，不同类别国企激励契约的有效性及行为差异。

第二，在提出研究问题的基础上进行了文献综述和中国制度背景的分析。文献综述方面，本书主要回顾了国企分类方面的国内外相关文献、货币薪酬方面的国内外相关文献、晋升激励方面的相关国内外相关文献和盈余管理方面的国内外相关文献，阐明了本书的研究基础、研究动机及研究领域。制度背景方面，本书主要阐述国企改革的历程、国企新一轮分类改革分类治理的举措、高管薪酬的制度演变及现状，并分析这些制度背景对国企内外部治理机制、市场定位的影响，进而对高管激励契约有效性及高管行为的影响。

第三，在文献综述和制度背景分析的基础上进行实证研究。首先检验不同类别国企薪酬业绩敏感性差异及作用机理；其次检验不同类别国企晋升激励的驱动因素差异；最后检验由于不同类别国企经营目标、薪酬契约结构和内容、高管角色定位不同，导致应计盈余管理行为和真实盈余管理行为的差异。

第四，提出构建差异化激励机制和激励契约的政策建议并得出结论。基于实证分析结果提出建立一套在高管分层分类管理的基础上涉及多种激励方式（货币薪酬或晋升激励）、激励指标选择（企业财务业绩或非经济目标执行状况）、激励期间（长期或短期）、激励市场化程度（完全市场化还是完全行政化）等多维度多层次差异化的薪酬激励契约，以期为政策制定者提供决策依据。

1.3.2 研究方法

1.3.2.1 文献分析法

通过文献回顾与分析对已有研究进行梳理、归纳总结及演绎推导。首先回顾了国内外货币薪酬相关文献，从货币薪酬的决定因素、经济后果、与其他激励方式交互作用等进行分析与归纳。其次回顾了国内外晋升激励相关文献，从高管晋升的决定因素、执行效果和经济后果方面进行了归纳与总结。最后回顾了国内外盈余管理相关文献，国外文献主要从盈余管理的动机方面进行归纳总结，盈余管理动机包括资本市场动机、契约动机和监管动机。国内文献主要回顾了薪酬激励与盈余管理的关系，从不同激励方式对盈余管理的影响、不同激励方式交互作用对盈余管理的影响及不同盈余管理类型的角度进行了归纳与总结。通过对已有文献的分析找出已有文献的研究空白，进一步明确本书研究的领域和价值。

1.3.2.2 实证分析法

本书的实证研究方法主要包括了描述性统计、单变量分析、多元回归分析等计量技术，以检验书中提出的假设。首先，采用多元回归模型实证检验不同类别国企薪酬业绩敏感性差异及作用机理。其次，通过手工收集高管晋升数据，基于国企分类的视角，采用配对样本的方法，以高管不变为基准，实证检验了财务业绩和承担非经济目标对高管晋升和降职的影响。最后，以应计盈余管理与真实盈余管理为研究对象，基于国企分类的视角，全面考察了货币薪酬激励与晋升激励对盈余管理行为的影响及两者交互作用对盈余管理行为的调节作用。

1.3.2.3 比较分析法

本书全面系统地运用了比较分析方法。因为本书基于国企分类的视角，按照国企改革相关文件，国企可分为公益类和商业类，本书遵循文件的指导思想并结合实际及不同国企经营范围等将国企分为了公益类国企、特殊功能类国企（商业1类）和完全竞争类国企（商业2类），比较分析了不同类别国企薪酬业绩敏感性差异、晋升激励驱动因素差异、高管应计盈余管理与真实盈余管理行为差异，从而对不同类型国企经营目标、经营范围、激励机制、考核指标、高管行为有了全面系统的认识。

1.4 研究内容与研究框架

1.4.1 研究内容

为达到本书的研究目标，全书共分7章，分步阐述本书的研究思想，论证本书提出的研究假设并得出研究结论，提出政策建议。本书的结构及内容如下：

第1章为绪论。本章描述了研究问题产生的背景，同时阐述了本书的理论意义与现实意义；接着梳理了本书的研究思路及研究方法，以便对整体行文进行指导；随后阐述研究内容与整体框架，从总体上明确了全书的研究逻辑和主要内容；最后分析了本书的创新点，阐述了本书的核心发现，丰富了高管激励及经济后果等相关文献。

第2章是理论基础与文献综述。本章运用归纳分析法对激励契约有效性、经济后果的文献进行了梳理、归类，既是回顾和总结前人的研究成果，也是在此基础上提炼可借鉴的成果，指出现有文献的不足与研究中存在的真空领域。

第3章介绍高管激励契约有效性的中国制度背景。本章回顾了国企分类改革的历程、国企中高管薪酬制度的变迁，阐述了国企现存薪酬契约结构、内容方面存在问题；根据相关文件指引明确国企分类标准，对国企进行分类。

第4章从实证角度基于激励目标异质性验证不同类别国企薪酬业绩敏感性差异及作用机理。首先，以薪酬业绩敏感性衡量薪酬契约有效性，验证不同类别国企薪酬业绩敏感性差异，结果表明，公益类国企薪酬业绩敏感性较商业类国企差；其次，检验异质性激励目标对薪酬契约有效性的影响，结果表明，公益类国企由于执行非经济目标（冗员负担和过度投资）而降低了薪酬业绩敏感性。

第5章从实证角度检验晋升激励的驱动因素。本章基于国企分类的视角，采用配对样本的方法，以高管不变为基准，研究了财务业绩和承担非经济目标对高管晋升和降职的影响。研究结果表明，总体来看，首先，财务业绩和承担社会责任与高管晋升正相关，但公益类国企高管晋升只与承担非经济目标正相关，商业类国企高管晋升只与财务业绩正相关。其次，财务业绩和高管降职负相关，各类国企没有差别，公益类国企高管降职与承担非经济目标负相关，商业类国企高管降职与承担非经济目标不相关。本章研究表明公益类国企高管晋升的激励目标是实现非经济目标，而商业类国企高管晋升的激励目标是实现企业价值最大化，两类国企经营目标各有侧重。

第6章从实证角度验证不同类别国企高管行为差异。通过前两章的研究发现，基于激励目标异质性，不同类型国企薪酬契约的结构不同，激励措施的运用有所侧重。公益类国企高管更注重晋升激励，且更容易通过承担非经济目标达到晋升的目的；商业类国企高管更注重货币薪酬，因为受内外部市场制约，更容易通过提升企业业绩达成目标。基于以上发现，本章同时以应计盈余管理与真实盈余管理为研究对象，基于国企分类的视角，全面考察了管理层激励对盈余管理行为的影响。研究结果表明，在公益类国企，货币薪酬和晋升激励不会引发高管应计盈余管理行为；在商业类国企，货币薪酬和晋升激励会引发高管应计盈余管理行为，两者的差异主要是公益类国企货币薪酬业绩敏感性较商业类国企差，且公益类国企高管晋升与财务业绩不相关。同时，研究结果还显示，在公益类国企，货币薪酬对真实盈余管理行为不存在抑制效应，而在商业类国企，货币薪酬可以抑制真实盈余管理行为；无论是公益类国企还是商业类国企，晋升激励都会引发真实盈余管理行为，但公益类国企晋升引发真实盈余管理程度更高。

　　第 7 章研究结论与政策建议。本章是全书的总结，在此章中我们回顾和总结了本书的主要研究结论；得出了相应的政策启示；提炼了本书的主要贡献；指出了研究的局限和不足；最后展望了未来的研究空间和继续努力的方向。

1.4.2　研究框架

本书的研究框架如图 1 - 1 所示。

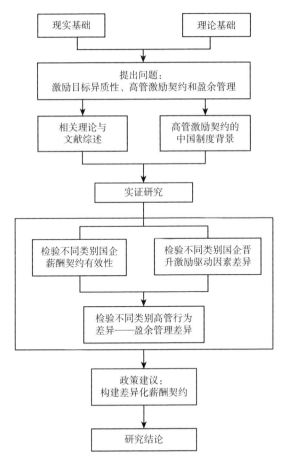

图 1 - 1　本书的研究框架

1.5 本书创新点

1.5.1 定量研究了国企分类改革对高管激励契约结构、内容的影响

不同类型的国有企业，由于其功能定位和经营目标的不同，必然在代理人的监管机制、考核和薪酬契约设计上存在着差异，而以往的研究只是定性地提出了分类治理的思路和建议，并没有从定量的角度对分类治理做出相关检验和分析。同时已有文献对高管薪酬契约的研究未考虑国企类别的影响，也未考虑由于不同类别国企激励目标异质性导致不同激励措施激励效果及高管行为的差异，本书在分类治理的视角，定量地分析了基于激励目标异质性，对薪酬契约结构、内容及有效性的影响。本书通过实证检验，发现不同类别国企薪酬业绩敏感性存在差异，不同类别国企晋升激励业绩敏感性也存在差异，不同类别国企应计盈余管理及真实盈余管理也存在差异，这是本书的创新点和贡献所在。

1.5.2 丰富了货币薪酬和晋升激励相关文献

已有关于国企高管货币薪酬的文献大都从委托代理理论、最优契约理论、管理者权力理论、薪酬管制、薪酬与国企多重经营目标、多种激励方式等方面进行研究，本书基于国企分类的独特视角，探究高管薪酬契约结构、内容及有效性，并检验了由此导致的高管行为差异，丰富了高管薪酬契约方面的文献。

对于高管晋升的研究，主要从高管晋升的影响因素、执行效果及经济后果方面入手，其中高管晋升的影响因素研究是其中最受关注的话题之一。国内外已有研究表明，企业财务业绩、个人身份、所在地域、市场化程度等因素会影响高管晋升，但鲜有从国企内部差异性出发，着眼于激励目标异质性，分析不同国企高管晋升的驱动因素。本书研究发现，公益类国企高管晋升只

与承担非经济目标正相关，商业类国企高管晋升只与财务业绩正相关。另外，财务业绩和高管降职负相关，各类国企没有差别。公益类国企高管降职与承担非经济目标负相关，商业类国企与承担非经济目标不相关。本书研究丰富了晋升激励相关文献。

1.5.3　丰富了盈余管理相关文献

首先，本书考察了两种高管激励方式对盈余管理的影响，既包括显性激励方式货币薪酬，又包括隐性激励方式高管晋升，并考察货币薪酬和高管晋升交互作用对盈余管理的影响，补充了已有文献只孤立研究单一高管薪酬激励对盈余管理影响的不足。其次，本书基于国企分类的视角，考察了不同类别国企高管激励与盈余管理之间关系的差别。最后，本书以应计盈余管理和真实盈余管理作为研究对象考察高管激励与盈余管理的关系。应计盈余管理和真实盈余管理的特点也决定了不同类别、不同高管激励措施与不同类型盈余管理关系存在差别。

第2章 理论基础与文献综述

2.1 理 论 基 础

委托代理理论认为，现代企业制度所有权和经营权相分离，股东作为只有所有权没有经营权的委托人与管理层存在信息不对称，因为具有信息优势，管理层可能会选择损害股东利益但有利于管理层自身利益的决策，管理层和股东的利益出现冲突，从而产生了"代理问题"。缓解代理问题的方法之一就是使管理层和股东利益趋于一致，如通过授予管理层股票期权的方式，使管理层也拥有企业剩余索取权。因此，委托代理问题的出现，使"高管激励"问题广受关注。协同论认为，高管激励可以分为显性激励和隐性激励两类，显性激励是一种正式的契约安排，使激励对象在达到一定业绩要求时可以得到固定的物质补偿，如货币薪酬；隐性激励是正式契约的有效补充，是一种非正式契约安排，使激励对象在达到一定业绩或非业绩要求时可以获得不固定的物质补偿和非物质补偿，如晋升激励。锦标赛理论认为，员工在锦标赛中获胜可以获得职位晋升和更高的货币薪酬，货币薪酬和晋升激励可以激励高管努力工作，发挥最大潜能，努力提升企业业绩，缓解代理冲突。管理层权力理论认为，管理者会利用手中的权力自定薪酬，首席执行官（CEO）具有对公司的控制权，因此能够影响甚至主导自身薪酬制度的设计（Murphy，2002），从而导致薪酬制度对管理层有利，结果不仅不能降低代理成本，反而衍生出另一层次的代理问题。

2.1.1　委托代理理论

委托代理理论起源于现代企业制度的所有权与经营权相分离，是现代公司治理机制的基础理论。随着社会经济的迅猛发展和社会生产力的快速提高，企业的规模日益扩张。在社会工业化进程中，为了提高效率节约成本，分工越来越细，每个社会人都是社会大机器链条中的一环，社会分工的细化和企业规模的扩张，使企业对专业化管理人才的需求越来越大。股东作为资本的所有者，或者无能力或者无精力管理公司，资本的充裕和管理的落后成为掣肘企业发展的突出矛盾。职业经理人的出现在一定程度上缓解了出资人资金和管理能力的不匹配，经理人对企业无所有权但代股东行使企业的日常生产经营管理权，从而形成了委托代理关系，也激发了学者对委托代理理论的研究。贝勒与梅纳斯（Berle and Menas，1932）在其著作《现代公司与私有产权》中研究了所有权和经营权相分离情形下股东与管理者之间的代理矛盾，为之后代理理论的提出与发展奠定了理论基础。20 世纪 60 ~ 70 年代，委托代理理论得到了大发展，其中具有代表性的为詹森和麦克林（Jensen and Meckling，1976）的研究，其系统地阐述了委托代理理论的起源、主体、基本前提等。委托代理理论的核心问题是：在所有权和经营权相分离情形下股东利益与管理者利益不一致时，如何设计有效的激励措施使两者利益趋于一致，缓解代理冲突，降低代理成本。

委托代理关系存在两个基本假设前提：

第一，委托双方遵循"经济人"假设，都以自身利益最大化为目标。因为遵循新古典经济学"经济人"假设，委托人和代理人的决策标准都是投入最小成本情形下收益最大化。委托人付出报酬委托代理人为其尽职工作，其付出报酬构成了委托人的成本和代理人的收益，代理人努力工作付出的时间精力为代理人成本，而委托人的收益取决于代理人的工作成果。在委托人成本和代理人收益相同的情形下，双方关注的焦点不同，利益出现不一致。委托人希望代理人勤勉工作取得更好的财务业绩实现企业价值最大化，因此关注代理人的工作成果；代理人希望最大化自身效用，平衡工作和闲暇，更关注其努力工作承担受托责任所付出的成本。这种利益冲突可能导致代理人利用手中权力谋取私利，如侵占资源、权力寻租、降低自身努力程度等，从而引发代理问题，促使委托人制定其他制度安排耗费额外成本来约束和激励代理人，使代理人利益与委托人趋于一致，薪酬契约就是针对委托人和代理人利益冲突的一种协调机制。

第二，委托人与代理人之间存在信息不对称。委托人拥有资金的所有权但不亲自参与企业的经营管理，作为企业内部人的代理人拥有私人信息，而委托人处于信息劣势，所谓私人信息是指：在订立契约和契约执行过程中一方知道而另一方不知道的信息。因为委托人处于信息劣势，并不能准确了解代理人工作努力程度，不能判断其付出的报酬与代理人付出的努力是否对等。委托人一般只能通过个人经验、代理人个人特征、企业业绩来判断代理人工作努力程度，但存在一定的偶然性和不确定性。代理人拥有私人信息，不仅非常清楚个人的努力程度，而且很清楚企业业绩变化的来龙去脉，因此代理人很可能为了个人利益对影响企业业绩的因素进行自利性归因，并进行盈余操纵以获得高额回报，甚至利用手中掌握的资源和权力谋取私利，引发"逆向选择"和"道德风险"。

委托人与代理人的"经济人"逐利属性，导致双方利益冲突，这成为道德风险产生的原因，而信息不对称的存在使代理人实施利己行为成为可能。因此，委托代理问题实质在于在信息不对称条件下，如何设置有效的激励契约使委托人和代理人利益趋于一致，缓解代理矛盾，降低代理成本。

2.1.2　高管激励理论

委托代理制度实现了所有权与经营权的分离，使拥有资金优势的委托人提供资金，拥有管理才能的代理人进行经营管理，有助于实现资源的最优配置，提升企业效率，但也衍生了股东与管理者之间的利益冲突及信息不对称问题。如何弥补委托代理制度的缺陷，使委托代理制度最大限度提升企业价值是激励机制设置的初衷和最终落脚点。

对"激励"问题的研究由来已久，并已形成了丰硕的成果。目前激励理论有两大分支：管理激励理论和经济激励理论。管理激励理论的代表有需求层次理论、双因素理论、期望理论等；经济激励理论的代表有交易费用理论、

X—效率理论等。从经济激励理论发展起来的高管激励理论近些年得到了长足发展，且对我国的国企高管激励问题具有指导和借鉴意义。经济学对激励的研究是以经济人假设为前提，以企业价值最大化为目标，逐步发展起解决代理问题的显性和隐性激励方法。高管激励理论就是在所有权和经营权相分离的现代企业制度下，就如何缓解股东和管理层代理冲突、降低代理成本而发展起来的一整套有关激励契约、激励方式、激励内容、约束机制等的理论体系。

国外早期的研究多是对企业的研究，由此衍生出对高管激励的研究。贝勒和梅纳斯（Berle and Means，1932）、詹森和麦克林（Jensen and Mecking，1976）等的研究表明在所有权和经营权相分离的情形下，股东与经理人存在利益冲突，因此，高管激励是非常必要必须的，这为高管激励理论的发展奠定了制度基础。20 世纪 90 年代起，对高管激励的研究主要集中于对薪酬业绩敏感性的研究，斯隆（Sloan，1993）与科尔（Core et al.，1999）的研究表明建立业绩型薪酬可以使管理者和股东利益趋于一致，薪酬业绩敏感性较强。贝勒和梅纳斯（Berle and Means，1991）的研究表明，高管薪酬并不能缓解代理冲突，反而加剧了代理矛盾，成为代理问题的一部分，薪酬与业绩敏感性不强。进入 21 世纪，对高管激励问题的研究不仅局限于业绩，而是向更广泛的层面扩展，如管理层权力问题。贝布丘克和弗里德（Bebchuke and Fried，2003）提出了管理层可能利用手中的权力随意决定薪酬，有损于社会公正，他们提出应完善公司治理、加强股东的监督作用，从而达到约束管理层的目的。

我国对高管激励问题的研究也由来已久，我国对高管激励理论的研究及理论的发展与国外存在区别。第一，高管激励方式不同。国外对高管激励方式的研究主要集中于货币薪酬和股权激励，而我国高管激励方式主要有货币薪酬、晋升激励等。股权激励在我国的发展历史很短，再加上国家政策、资本市场等诸多限制，股权激励并未真正起到激励高管的作用。在我国特殊的政治环境和经济环境下，"限薪令"、企业目标多元化等使国有企业的高管货币薪酬和企业业绩之间出现特殊的变化，存在"薪酬涨，业绩降"和"业绩升，薪酬降"现象。晋升激励成为货币薪酬激励的有效补充，激励高管提升企业业绩。第二，企业产权性质不同。国外无论是研究哪种激励方式，基本的研究对象都是以盈利为唯一目的的企业，而我国企业中包括占很大比例的国有企业，国企的经营目标不仅是以盈利为目的，还承担诸多的非经济目标，因此考核高管货币薪酬或晋升激励与否的标准也不仅仅是业绩好坏，用薪酬业绩敏感性高低来衡量激励措施的优劣有失偏颇。第三，我国的经济制度、监管制度等并不完善，很多在国外适用的理论和研究成果并不适用于我国。国外发达的资本主义国家有一整套相对完善的经济环境和制度环境，且现代企业制度经历了几百年的发展和规范，形成了相对成熟的理论体系。我国现代企业制度的发展伴随着计划经济向市场经济转轨、国企改革仅仅走过了几十年的历程，现代企业制度及高管激励理论都处于摸索阶段，公司治理的现状表明，完善高管激励理论体系还有很长的路要走。

2.1.3 锦标赛理论

美国经济学家拉泽尔和罗森（Lazear and Rosen，1981）首次提出了"锦标赛理论"，该理论最初是基于货币薪酬，将货币薪酬设置了不同的层级，高管为了获得更高的薪酬必须更努力工作，就如同参加一场竞争锦标赛，只有在竞赛中获胜才能获得高薪酬的额外奖励。随后锦标赛理论扩展到职位晋升竞争，职位是有限的，只有努力工作在竞争中获胜才能晋升到更高层级并获得额外货币奖励。贝克（Baker，2002）首次提出了"晋升锦标赛"的概念，认为锦标赛竞争的基础不仅是货币薪酬，也适用于其他的激励方式，如晋升激励，且货币薪酬和晋升激励应该相互结合从而更好地发挥激励效应。

锦标赛理论为企业高管之间的薪酬差距提供了理论支撑，认为合理的薪酬差距有利于激励高管提高经营管理水平，发挥高管潜能，提升企业效率，降低代理成本，从而实现企业价值最大化。因为在"经济人"假设下，高管为最大化自身效用，会努力工作以获得高额报酬，从而使高管的利益与股东利益趋于一致，有利于企业价值最大化。但合理的薪酬差距如何确定呢？需要考虑监控成本的高低，若监控成本低，确定合理的薪酬差距比较简单，则薪酬差距为高管激励带来的收益大于确定薪酬差距的成本，那么锦标赛理论此时是科学和适用的。同时，薪酬差距的确定还要考虑社会公平和社会舆论。布德（Budde，2007）的研究表明，合理的薪酬差距比固定工资更能激励高管提升企业业绩，且高管风险偏好若是中性的，则锦标赛制度的激励效果更强。林俊清、黄祖辉、孙永祥（2003）的研究表明，我国企业薪酬差距与企业绩效正相关，但国有企业因为存在政府管制等，薪酬差距和企业业绩不相关，锦标赛理论在国企中并未发挥作用。

基于锦标赛理论的视角，杨瑞龙、王元、聂辉华（2013）以央企领导为研究对象分析了企业高管晋升机制。研究发现，高管的个人特征如学历等会影响该高管晋升，同时企业财务业绩与央企高管晋升正相关。高管为了获得晋升必须要在锦标赛中获胜，因而必须提升企业财务业绩。需要注意的是，地方官员晋升不同于央企高管晋升激励，国有企业高管晋升也不同于民营企业高管晋升，基于薪酬差距的锦标赛理论与基于晋升激励的锦标赛理论也不同，因此，对锦标赛理论的内涵和外延要作进一步深挖和拓展。

2.1.4　管理层权力理论

最优契约理论认为，薪酬激励契约基于股东和管理者利益最大化签订，可以有效缓解代理冲突降低代理成本。但最优契约理论要发挥作用需具备一些条件，否则薪酬激励契约不仅不能缓解代理冲突，还可能成为代理问题的一部分。贝布丘克和弗里德（Bebchuk and Fried，2002）指出最优契约理论发挥作用的条件为：董事会的有效谈判、市场的有效约束和股东可以行使权力。

首先，董事会虽然负责制定高管薪酬，且理论上董事会应该保持独立性，但高管在一定程度上可以通过干预董事的选聘来干预董事会决策的制定，因此董事的独立性很难发挥。其次，董事作为股东的代表，若股东数量多且分散，董事与股东之间也存在代理问题，董事未必能完全代表股东利益。最后，董事迫于时间、精力、成本的考虑，再加上信息不对称，可能未能完全起到对高管的监督作用。因此，董事会在与管理层权力谈判中并非总是有效的。市场对高管薪酬的约束是通过解聘或更换高管来实现，若企业经营不善，则股票价格下跌，公司面临被并购的风险，从而威胁高管的去留；若企业经营不善，利润下滑，则高管业绩型薪酬会受损，企业业绩糟糕会导致高管的更换或解聘。但现实中高管在签订契约时就会保护自身权益，且为了企业整体利益股东一般不会随意解聘或更换高管，因此市场对高管薪酬并未构成有效约束。分散的股东也很难行使其权力，迫于时间、精力和成本及信息不对称的考虑，股东一般采取"用脚投票"方式提出抗议，很难在与高管权力博弈中取得主动权。我国虽然股权比较集中，但作为企业主体的国企第一大股东是国家，所有者缺位严重很难行使股东权力，因此，无论是股权分散的西方国家还是股权集中的东方国家，股东都很难行使自身权力，对高管形成有效约束。综上所述，现实中最优契约理论发挥作用的条件并不完全具备，因此，贝布丘克和弗里德（Bebchuk and Fried，2002）提出了管理者权力理论。

管理者权力理论认为高管会利用手中的权力自定薪酬，攫取私人收益。国外已有文献证实了管理者权力的存在及对高管薪酬的影响。一些研究从高管薪酬的角度验证管理层权力理论，汉布里克和芬克尔斯坦（Hambrick and Finkelstein，1995）的研究表明，管理层权力会影响高管薪酬，管理层权力和高管薪酬呈正相关关系，且增长幅度也不断加快。科尔等（Core et al.，1999）的研究从公司治理的角度用董事会规模和外部董事来源衡量管理层权力，研究表明董事会规模与高管薪酬呈正比例关系，外部董事由管理层提名和聘任则管理层获取更多薪酬。有些研究从薪酬业绩敏感性角度验证管理层权力理论，纽曼和莫兹（Newman and Mozes，1999）用董事会内部结构来衡量管理层权力，研究表明董事会中执行董事持股比例较大，薪酬委员会中包含执行董事或其他知悉企业内部信息的内部人，则公司薪酬业绩敏感性比较低。

近些年我国对管理层权力的研究方兴未艾，作为我国企业主体的国有企业，长期存在所有者缺位，国有股东未能履行出资人职责，企业长期被管理层控制，管理层权力膨胀，管理层利用手中的权力自定薪酬、控制董事会、进行非效率投资或盈余操纵从而谋取个人私利的现象层出不穷，最优契约理论在我国不具备发挥作用的前提条件，反而是管理层权力理论可以用来解释理论和实务中的很多问题。卢锐等（2008）研究表明管理层权力越大高管货币薪酬越高，但业绩却并无显著提高，薪酬业绩敏感性差。权小锋等（2010）的研究表明，高管层权力越大，其薪酬水平、超额薪酬越高。方军雄（2011）用高管权力理论来解释高管与员工的薪酬差距。研究结果表明，业绩上升时高管薪酬上升幅度高于普通员工，业绩下降时高管薪酬下降幅度低于普通员工，即高管权力越大其薪酬黏性越大。

2.2　文　献　综　述

2.2.1　国企分类相关文献

2.2.1.1　国外相关文献

国企分类改革是中国基于国有企业特殊性质和多重任务目标而进行的一项具有中国特色的改革，国外鲜有与此相关的研究。因为西方发达资本主义国家的微观经济主体是私人企业而不是国有企业，国有企业本身数量很少，且其内涵也与中国的国有企业不同。我国的国有企业既具有盈利性又承担公益性目标，公益性和盈利性之间具有冲突性，因此，我国国企才需要进行功能界定和分类改革。企业可以分为一般企业和特殊企业，一般企业以盈利为目的，特殊企业承担公益性目标，西方发达国家大都存在少量的特殊企业，如德国的公共企业、日本的公营企业、法国的政府企业、英美的国有企业。特殊企业在不同国家名称不同，但其设立的目的、主体以及所发挥的作用基本相似，即特殊企业不以营利为目的、由政府设立并控制、实现国家制定的特定目标。因为国外特殊企业和一般企业是分开的，不存在我国国有企业既承担一般企业职能又承担特殊企业职能的情形，因此，国外鲜少研究国企分类改革，也缺乏可借鉴的文献。

2.2.1.2　国内相关文献

在我国关于国有企业分类的研究由来已久，但对国企的分类标准和所分类别众说纷纭。董辅礽（1995）以我国计划经济向市场经济转轨为背景，以国有企业的功能作为分类标准，将国有企业分为非竞争性和竞争性两类，非竞争性企业又可分为自然垄断企业和以社会公益为目标的企业。杨瑞龙等（1998）从国企改革现状出发，通过对国企改革目标和战略的思考，认为国企改革的目标不能单一化，应该分类改革不同国企，因此，将国企划分为公共产品国有企业、垄断性国有企业、竞争性大中型国有企业、小型国有企业四类，不同类型国企遵循不同改革目标、改革战略和股权结构。张淑敏

（2000）根据国企提供产品标准和国企规模标准，把国有企业分为竞争性和非竞争性两类，非竞争性国企又分为提供公共产品的非竞争性国企及处于基础产业和支柱产业地位的垄断性国企两类。蓝定香（2006）将国企分为公共领域国企和非公共领域国企，并指出建立现代产权制度要与国企分类改革相结合，根据国企类别重新规划国有产权的布局，公共领域国企中国有股份必须居于主导地位。高明华（2013）、高明华和杜雯翠（2013）将国有企业划分为公益性国有企业、垄断性国有企业、竞争性国有企业三类，其中垄断性国有企业又分为自然垄断性国有企业和稀缺资源垄断性国有企业，他们提出了分类改革、分类治理的国有企业改革思路。黄群慧和余菁（2013）认为，当前国有经济存在着"盈利性使命"和"公共性使命"的冲突，从界定国企使命角度出发，将国有企业划分为公共政策性、特定功能性和一般商业性三种。公共政策性企业是以政策性目标为导向、实现公众利益的企业；一般商业性企业以盈利为导向，而特定功能性企业兼具两种特性。

综上所述，以上关于国企分类改革的研究既有分歧又有共识。分歧是已有研究并没有统一的分类标准，从而分出了不同功能、不同层次的类别；共识是在分类过程中都考虑到了国企的不同经营目标即营利性和非营利性，承担社会责任目标的公益类企业不仅仅以营利为目的，而竞争类企业主要以营利为目的。《决定》及《指导意见》正式提出根据国有资本的战略定位和发展目标，结合不同国有企业在经济社会发展中的作用、现状和发展需要，根据主营业务和核心业务范围，将国有企业分为公益类和商业类，并且2015年《关于国有企业功能界定与分类的指导意见》为国企功能界定和分类标准提供指引，至此对国企功能的界定更明确、国企分类的标准更清晰。

本书基于上述文件的指导思想，将国有企业分为公益类国企和商业类国企，商业类国企又分为商业1类和商业2类，分别代表承担特殊使命的特殊功能类国企与处于充分竞争行业和领域的充分竞争类国企。公益类国企以保障民生、服务社会、提供公共产品和公共服务为主要目标。根据公益类企业的目标及公共产品和公共服务的内涵，本书对公益类企业进行界定，具体见表2－1。本书结合社科院工经所课题组（2014）与国资委发布的《关于推进国有资本调整和国有企业重组的指导意见》（2006）中对关系国家安全、国

民经济命脉的重要行业和关键领域的界定，将主业处于关系国家安全、国民
经济命脉的重要行业和关键领域，主要承担重大专项任务的商业类国有企业，
界定为商业 1 类（特殊功能类）。除公益类国企和特殊功能类国企外，除金
融行业以外的国企全部界定为完全竞争类国企，即商业 2 类，各类国企具体
包含的行业类别见表 2 - 1。

表 2 - 1 　　　　　　　　　　　　　　国企分类

国企类别	门类名称及代码	行业大类代码	行业大类名称
公益类国企	制造业（C）	42	废气资源综合利用业
	电力、热力、燃气及水生产和供应业（D）	44	电力、热力生产和供应业
		45	燃气生产和供应业
		46	水生产和供应业
	交通运输、仓储和邮政业（G）	53	铁路运输业
		54	道路运输业
		55	水路运输业
		56	航空运输业
	水利、环境和公共设施管理业（N）	77	生态保护和环境治理业
		78	公共设施管理业
	教育（P）	82	教育
	卫生和社会工作（Q）	83	卫生
商业 1 类（特殊功能类）	采矿业（B）	06	煤炭开采和洗选业
		07	石油和天然气开采业
		08	黑色金属矿采选业
		09	有色金属矿采选业
		10	非金属矿采选业
		11	开采辅助活动
		12	其他采矿业
	制造业（C）	25	石油加工、炼焦及核燃料加工业
		30	非金属矿物制品业
		31	黑色金属冶炼及压延加工业
		32	有色金属冶炼和压延加工业
		33	金属制品业
	建筑业（E）	48	土木工程建筑业

续表

国企类别	门类名称及代码	行业大类代码	行业大类名称
商业1类 （特殊功能类）	信息传输、软件和信息技术服务业（I）	63	电信、广播电视和卫星传输服务
	科学研究和技术服务业（M）	73	研究和试验发展
		74	专业技术服务业
	文化、体育和娱乐业（R）	85	新闻和出版业
		86	广播、电视、电影和影视录音制作业
商业2类 （全面竞争类）	除金融业（行业代码J）以外的所有行业		

资料来源：（1）行业分类采用2012年修订的《上市公司行业分类指引》；（2）本表所示分类结果只是根据行业进行的分类，实际操作中还对每家公司的主营业务进行判断，如果公益类国企中的主营业务符合特定功能类的功能定位，将其划分为特定功能类。

2.2.2 货币薪酬研究相关文献

2.2.2.1 国外企业货币薪酬文献

国外对薪酬激励的研究伴随着现代企业制度的建立和委托代理理论的发展由来已久，形成了许多丰硕的成果，主要从货币薪酬的决定因素、经济后果及与其他激励方式的交互作用来进行研究，货币薪酬的决定因素主要从业绩、公司治理、人力资本等层面进行研究，货币薪酬的经济后果主要从对业绩的影响、投资效率影响、盈余管理等层面进行研究，并考虑了股票期权和货币薪酬的交互作用。

（1）货币薪酬的决定因素。薪酬激励最初的目的是缓解代理冲突降低代理成本，因此，采用业绩与薪酬挂钩的方式，使管理层与股东利益趋于一致，所以货币薪酬最基本的决定因素是企业业绩。霍姆斯特罗姆（Holmstrom, 1979）的研究表明货币薪酬和公司绩效存在显著的正相关关系，高管货币薪酬由其对绩效的贡献而决定。墨菲（Murphy, 1999）的研究表明高管货币薪酬和企业财务绩效显著正相关，但受行业和公司规模的影响，高管薪酬业绩敏感性因行业和公司规模不同而存在差异性。格雷厄姆（Graham, 2009）的研究表明，高管个人能力影响公司绩效从而影响高管货币薪酬，即因其个人能力而提升业绩的高管获得更高的货币薪酬。

货币薪酬的另外一个决定因素为公司治理因素。国外研究普遍认为薄弱的公司治理环境和 CEO 权力的膨胀是导致货币薪酬激励失效的原因之一。科尔等（Core et al. ，1999）的研究表明，当董事会规模较大且高管有权对外部董事提名和选聘时，意味着董事会控制权薄弱而高管权力膨胀，此时高管货币薪酬较高。赛尔特等（Cyert et al. ，2002）考察高管两职合一、董事会持股比例等公司治理因素对高管薪酬的影响。研究表明两职合一公司高管薪酬较非两职合一公司高管薪酬高，董事会持股比例与高管薪酬呈负相关关系，良好的公司治理环境能抑制高管过高薪酬问题。卡纳（Khanna，2007）从股权结构的角度分析其对高管货币薪酬的影响，研究表明股权分散公司股东和董事会之间存在代理问题，董事会并不能完全代表股东对高管行使监督权，董事会在与高管的权力博弈中处于弱势地位，从而股权分散公司高管货币薪酬较高。

高管的个人特征也会影响货币薪酬，国外一些研究从人力资本角度研究其对货币薪酬的影响。阿加瓦尔（Aggarwal，1981）的研究表明能力较强的高管可以提高企业劳动生产率，为企业创造更高的价值，理应获得较高的报酬，同时还发现，受教育水平可以提升高管能力从而使其获得较高货币薪酬。哈里斯和赫尔法特（Harris and Helfat，1997）的研究表明人力资本对高管薪酬具有决定性的作用，高管的年龄、受教育程度、任职时间等个人特征决定了其对业绩的贡献程度，从而决定了其货币薪酬水平。詹姆斯和马鲁阿（James and Marua，2003）的研究表明高管的特殊知识和技能等人力资本会为企业创造更高的绩效，从而企业愿意为获得人力资本而支付较高的报酬。

（2）货币薪酬的经济后果。已有经典研究表明货币薪酬能提升企业业绩，詹森和麦克林（Jensen and Meckling，1976）的研究表明货币薪酬有利于提升企业财务业绩使股东财富增加，即货币薪酬激励符合最优契约理论，能缓解代理冲突，降低代理成本。但货币薪酬在带来业绩提升的同时也有可能引起非效率投资和盈余操纵等负面影响。莫尔斯（Morse，2011）的研究表明，高管为了获得高报酬，会利用手中的权力影响董事会调整绩效评价标准、操纵薪酬契约制定。詹森（Jensen，1986）的研究表明，在现代企业制度所有权与经营权相分离情形下，管理者拥有企业资源的控制权和管理权，在缺乏监督和约束下管理者出于自利动机，会进行非效率投资，损害股东利益以攫取资源控制权、薪酬等私人收益。瓦茨和齐默尔曼（Watts and Zimmerman，1978）提出薪酬契约动机是盈余管理的主要动机之一。希利（Healy，1999）、霍尔特豪森（Holthausen，1990）、吉德瑞（Guidry，1999）等的研究表明，高管奖金、红利和奖励计划等货币薪酬和盈余管理显著正相关，货币薪酬会导致高管盈余操纵。

2.2.2.2 国内企业货币薪酬文献

国内对高管货币薪酬的研究是在借鉴西方研究成果并结合我国国企改革现状的基础上进行的，国内学者除了研究货币薪酬的决定因素、经济后果及与其他激励方式的交互作用外，还结合我国的制度环境和产权性质进行研究，出现了不同于国外的研究方向并得出了适用于我国的研究结论。

（1）货币薪酬的决定因素。在我国早期的研究中货币薪酬与业绩不相关。魏刚（2000）经实证研究表明，高管货币薪酬与企业绩效并无显著相关关系，而与企业规模正相关，货币薪酬并未起到缓解代理冲突、降低代理成本的作用。李增泉（2000）的研究也表明企业绩效并不能决定高管薪酬，两者并无显著相关关系。随着我国市场化进程加快和国企改革初见成效，国企的薪酬制度逐步引入了市场化因素，具有了业绩型薪酬的特点（辛清泉等，2007），薪酬与业绩的敏感性随时间的推移而逐步加强（方军雄，2009）。杜兴强和王丽华（2007）分别用会计业绩指标和市场指标衡量企业绩效，实证检验了高管薪酬与公司绩效之间的关系。结果表明，高管薪酬与会计业绩代表的绩效正相关，会计业绩影响高管薪酬。

公司治理是影响高管货币薪酬的重要因素，我国学者对此问题也进行了广泛而深入的研究。杜兴强和王丽华（2009）研究了股权结构、高管两职合一对高管薪酬业绩敏感性的影响，研究表明，高管两职合一会提升高管薪酬。卢锐等（2011）从内部控制的角度检验了公司治理对薪酬业绩敏感性的影响，研究结果表明，内部控制质量与薪酬业绩敏感性显著正相关，且国有企业内部控制质量和薪酬业绩敏感性的相关性更强。罗宏等（2015）的研究结果表明提高企业公司治理水平能有效提高高管薪酬激励有效性，即良好的公司治理有助于高管薪酬契约的实施。

（2）货币薪酬的经济后果。国内文献借鉴国外研究范式，从对业绩的影响、非效率投资、盈余操纵角度研究货币薪酬的经济后果。刘绍娓、万大艳（2013）的研究考虑了产权性质差异下薪酬对业绩的影响，结果显示，薪酬与业绩具有显著的正相关关系，国有企业薪酬对业绩的影响比民营企业大。简建辉等（2011）研究了高管激励水平与公司过度投资之间的关系，研究结果表明，公司高管货币薪酬水平与过度投资显著正相关，说明货币薪酬激励不仅没能缓解代理问题，反而降低了企业投资效率，损害了股东利益。袁知柱、郝文瀚、王泽粲（2014）以应计盈余管理与真实盈余管理为对象，实证检验了管理层激励与盈余管理的关系。结果表明，管理层持股比例与货币薪酬总额都会诱发应计盈余管理操纵行为，但对真实盈余管理具有抑制作用。

（3）货币薪酬与其他激励方式交互作用。冯根福、赵珏航（2012）从博弈论的角度分析了货币薪酬、股权激励和在职消费三种激励方式之间的关系，研究表明，在货币薪酬不变的情况下，高管持股比例与在职消费存在相互替代关系；同时管理者持股比例的增加能够抑制在职消费从而提升公司绩效，进而提升高管货币薪酬。徐细雄（2012）考察了在产权性质不同的企业货币薪酬、晋升两种激励方式的激励效果及交互作用对企业的影响，研究表明，国有企业薪酬差距较小，但晋升机会较大，晋升在国有企业的激励效果较好，同时晋升对货币薪酬的激励效果具有调节作用。

（4）货币薪酬与国企改革。我国的国有企业在国民经济中居于主导地位，国有企业的兴衰成败直接关系到国民经济的成败。国企改革一直是经济体制改革的关键环节，而薪酬激励是国企改革中需要重点关注的问题之一。我国对货币薪酬的研究随着国企改革的进程而发展，且产权性质是我国企业研究中不可绕开的制度背景之一。王飞鹏（2010）认为，国企薪酬改革必须引入市场化机制，市场竞争有助于提升薪酬激励机制有效性。宋晶（2009）基于社会公平的角度，认为高管薪酬激励机制必须引入政府的监督和管理，从而降低高管和普通员工的薪酬差距，维持社会公平和社会稳定。曲亮、马帅、张书元（2016）从国企分类的角度研究了薪酬激励契约的有效性，研究结果表明，公益类国企薪酬与业绩并无显著相关关系，而商业类国企薪酬与业绩显著正相关。

2.2.3 晋升激励研究相关文献

2.2.3.1 国外晋升激励文献

国外已有文献（Lazera and Rosen，1981；Gibbons and Murphy，1992）的研究表明，晋升激励作为一种替代机制弥补薪酬激励的不足，有助于激励高管人员提升公司绩效，而且当绝对业绩的度量噪声较大时可以发挥更大的作用。但国外已有文献研究的对象和微观环境与我国不同，因此其结论并不完全适用于我国。首先，国外高管晋升主要是非 CEO 晋升为 CEO 的企业内部晋升，CEO 本身没有晋升的机会和空间；由于我国国企特性，高管可以晋升为母公司高管，即外部晋升。其次，国外文献中高管所处微观环境为一般企业，以盈利为目的，因此业绩好坏是考核高管晋升与否的唯一标准，而我国主要研究国企中的高管晋升，国企的经营目标不仅以盈利为目的，还承担诸多的非经济目标，因此考核高管晋升与否的标准也不仅仅是业绩好坏。

因此，国外关于高管晋升的文献比较匮乏，已有的一些文献也主要是研究高管晋升与业绩之间的相关关系。奇凯洛等（Cichello et al.，2006）的研究指出公司对业绩表现不好的部门经理采取强制更换的惩罚措施，对业绩表现好的部门经理运用升迁的方式进行奖励，业绩好坏是部门经理升降的唯一评价标准。卡莱等（Kale et al.，2009）的研究表明，高管晋升可以激励高管努力工作提升公司绩效，高管晋升与公司业绩显著正相关。基尼和威廉姆斯（Kini and Williams，2012）的研究结果表明，高管晋升激励不仅对企业业绩具有负面影响，还对企业财务杠杆、资本支出等产生负面影响。还有一些国外研究以中国数据为样本。曹（Cao，2011）以我国国有企业数据为样本，研究表明晋升激励和企业业绩显著正相关。

2.2.3.2 国内晋升激励文献

我国对于高管晋升的研究起步较晚，对于晋升激励的研究起初是源于对政府官员政治晋升的研究，后扩展到高管晋升的研究，并逐步从高管晋升决定因素、执行效果、经济后果方面逐渐深入，取得了丰硕的成果。

对于高管晋升决定因素的研究，主要从业绩、人力资本、非经济因素、公司治理等方面入手。杨瑞龙、王元、聂辉华（2013）从财务业绩和人力资本的双重角度研究了高管晋升的决定因素，研究结果表明，以营业收入增长率衡量的业绩与高管晋升概率显著正相关，人力资本方面，拥有政治身份的高管和高学历高管晋升概率更高。刘青松、肖星（2015）的研究以高管不变为基准，采取配对样本的方法，考察了非经济指标与高管晋升之间的关系，研究结果表明，高管晋升与财务业绩不相关，但与承担的非经济目标正相关，即高管晋升的决定因素是承担社会责任而不仅仅是公司盈利。廖冠民等（2013）的研究表明盈余管理会降低国有公司高管晋升对业绩的敏感性，并且当信息不对称程度较低、第一大股东持股比例较高或市场化程度较高时，盈余管理的这种负向影响更大。张霖琳、刘峰、蔡贵龙（2015）研究了不同层级高管晋升决定因素，研究结果表明，央企高管和地方高管晋升的影响因素不同，央企高管晋升依赖业绩表现及个人特征，而地方高管晋升依赖政治关系资源或承担政策性负担。

在晋升激励执行效果方面，主要从晋升激励对提高企业业绩、提升企业价值、增加创新投入等方面展开。周铭山、张倩倩（2016）从创新和提升企业价值方面研究晋升激励的执行效果，研究结果显示，晋升激励使高管专注于研发投入，提高了创新产出的价值增值能力从而提升整个企业的价值。步丹璐、张晨宇、林腾（2017）从晋升激励对货币薪酬的影响方面进行研究，研究结果表明，晋升预期与高管薪酬差距显著负相关，即高管晋升预期降低了货币薪酬差距，但并未缓解股东与高管之间的委托代理冲突、降低代理成本，也未能激励高管提升企业业绩。张霖琳、刘峰、蔡贵龙（2015）比较了不同地域不同层级高管晋升激励的执行效果，研究结果表明，央企和地方国企高管晋升的前提条件和考核指标不同，因为央企和地方国企监管独立性不同影响了高管晋升机制执行效果，同时，市场化水平高的东部地区相较于西部地区，高管晋升机制执行效果更好。

晋升激励的经济后果主要从过度投资、盈余管理、腐败等角度进行研究。赵妍、赵立彬（2018）从并购角度研究晋升的经济后果，研究表明，国有控股上市公司高管晋升激励会导致公司并购价值的毁损，晋升激励未起到激励作用反而引发机会主义行为，不利于公司长远发展。何威风、熊回、玄文琪

(2013) 研究了晋升激励对盈余管理行为的影响，研究结果表明，高管晋升激励会诱发应计盈余管理行为，且非国有控股上市公司、竞争性行业有更强的晋升动机诱发盈余管理行为。

2.2.4 与盈余管理相关文献

2.2.4.1 国外盈余管理文献

盈余管理是管理层通过会计政策和会计估计选择来操纵盈余从而获取私人利益的一种方法，盈余管理会降低会计信息质量，不利于资本市场持续健康发展，国外对于盈余管理的研究由来已久，并且已经形成了一整套有关盈余管理内在机理、动机、方式及经济后果的成熟理论，关于盈余管理动机的研究一直是其中备受关注的话题之一。

盈余管理的动机主要有资本市场动机、契约动机和监管动机。资本市场动机又包括股票发行动机、避免亏损与退市动机、公司并购动机、达到盈余预测动机等；契约动机包括薪酬契约动机、债务契约动机等；监管动机是指公司为了满足政府或其他监管机构对其的盈余要求而进行的盈余管理行为。

希利和瓦伦（Healy and Wahlen，1999）指出，盈余管理的资本市场动机主要是公司股票正常交易、避免退市、避免被并购等。业绩表现好的股票在市场比较受欢迎，投资者评价某只股票业绩好坏主要靠对外披露的财务报表，公司为了在资本市场上筹集到更多资金，有动机进行盈余操纵。阿哈诺（Aharnoy，1993）、弗里德兰（Friddlan，1994）、张（Teoh，1998）的研究都表明首次公开募股（IPO）之前公司存在较强盈余管理行为，此时应计利润比较高，IPO 之后利润大幅下降。路易斯（Louis，2004）的研究表明，采用换股合并并购方式的收购方，为了最大化自身利益，在并购前有向上的盈余管理行为。伯格斯塔勒和迪契夫（Burgstahler and Dichev，1997）的研究表明，为了达到分析师预测的盈余目标，管理层会进行向上的盈余操纵，以避免损失。

除了资本市场等外部因素外，内部契约因素也会导致盈余管理，薪酬契约因素是盈余管理重要动机之一。业绩型薪酬契约的签订是为了缓解代理冲突、降低代理成本，使股东与管理层利益趋于一致，但高管为了获得高额报酬很可能操纵业绩。瓦茨和齐默尔曼（Watts and Zimmerman，1978）指出薪酬是盈余管理的动机之一，高管为获得货币薪酬、奖金计划等会进行盈余管理。希利（Healy，1985）的研究表明，高管为了获得货币薪酬会操纵利润使利润满足预先设定的盈余范围，若实际利润低于设定的盈余目标，会进行向上的盈余管理，若实际利润高于设定的盈余目标，则会进行向下的盈余管理。公司为了获得债务融资、履行债务契约也会进行盈余管理，迪丰和加姆巴沃（Defond and Jiambalvo，1994）的研究表明，为了履行债务契约，公司会在违反债务契约前一年及当年进行盈余管理，提升报告盈余。

对于某些受政府或监管机构严格监管的企业，其盈余需满足监管机构的盈余预期，否则就会受到惩罚或减少资源倾斜。因此这类企业盈余一旦高于或低于监管机构的盈余预期范围，就有动机进行盈余管理以最大化自身利益。霍尔（Hall，1993）研究了石油冶炼公司的监管动机盈余管理行为，结果表明，当油价上升公司业绩好时，管理者会进行向下盈余管理，使业绩保持在一定水平不会大幅度提升；当油价下降公司业绩差时，管理者会进行向上盈余管理，使业绩不会大幅度降低。

2.2.4.2　国内盈余管理文献

国内对盈余管理的研究起步较晚，并未形成系统成熟的理论体系，但在借鉴国外研究成果和研究范式的基础上，也取得了一些研究成果。在管理层激励和盈余管理关系方面，主要从不同激励方式对盈余管理的影响、不同激励方式交互作用对盈余管理的影响及不同盈余管理类型的角度进行了研究，也得到了一些不同于国外的研究结论。

薪酬动机是盈余管理的重要动机之一，我国学者从不同的激励方式角度出发，分别研究了货币薪酬、晋升激励、股权激励、在职消费等及不同激励方式交互作用对盈余管理的影响。李延喜（2007）研究了货币薪酬与盈余管理的关系，研究结果表明，高管货币薪酬会导致应计盈余管理行为。何威风等（2013）的研究表明我国上市公司晋升激励会引发管理者应计盈余管理行为。王兵等（2009）的研究表明在职消费会导致盈余管理，最终降低会计信息质量。杨志强、王华（2014）的研究表明内部薪酬差距会诱发盈余管理，内部薪酬差距越大，盈余管理程度越高。苏冬蔚、林大庞（2010）研究了股权激励和盈余管理的关系，研究结果表明，高管股权和期权比例与盈余管理呈显著正相关关系，这表明股权激励诱发了盈余管理。

已有对高管激励与盈余管理关系的研究，主要以应计盈余管理为对象，有些研究借鉴了国外的成果，考虑了盈余管理的类型。张娟、黄世忠（2014）借鉴希利（Healy，1985）在经典文献综述中的成果，将盈余管理界定为机会主义盈余管理和信息驱动型盈余管理，并研究了高管货币薪酬和股权激励对机会主义盈余管理行为的影响，结果表明，高管货币薪酬激励能显著抑制其机会主义盈余管理行为，股权激励反而导致高管的机会主义盈余管理行为增加。袁知柱、郝文瀚、王泽燊（2014）借鉴希利（Healy，1985）等的成果，以应计盈余管理和真实盈余管理为研究对象，考察了高管货币薪酬与持股比例和应计盈余管理及真实盈余管理的关系，研究结果表明，管理层持股比例与货币薪酬总额均与应计盈余管理显著正相关，与真实盈余管理显著负相关。

2.2.5　文献评述

通过对国内外有关货币薪酬、晋升激励、盈余管理相关文献的回顾可发现以下问题，为本书的研究提供了契机。

（1）国内关于高管激励及其经济后果的研究都未考虑国企内部的差异性，本书从国企分类的视角进行研究，拓展了研究的深度和广度。国外研究的微观主体是以盈利为目的的企业，因此，货币薪酬及晋升激励等激励措施的有效性主要以激励措施业绩敏感性来衡量，企业本身并无差异。我国企业根据产权性质可分为国有企业和民营企业，两者在股权结构、经营范围、经营目标、公司治理、市场化程度等方面存在差异，已有研究考虑了产权性质对激励措施有效性的影响，但是，还没有研究考虑国企本身内部差异性对激励措施及经济后果的影响。根据国企分类改革相关文件，我国国企被分为公益类国企和商业类国企两类，商业类国企又被分为完全竞争类国企和特殊功能类国企，不同类别国企功能定位、经营目标等不同，因此其激励措施的有效性及经济后果也存在差异。本书基于国企分类的视角，考察了不同类别薪酬业绩敏感性的差异、不同类别国企晋升激励的决定因素差异以及不同类别国企激励措施经济后果的差异，为高管激励及其经济后果的研究提供了新的视角，开拓了新的领域。

（2）国外对于货币薪酬和盈余管理的研究已经非常成熟，由于国外政治经济环境所限，对高管晋升的研究还比较匮乏，国内对高管晋升的研究也刚刚起步，这为我们从高管晋升角度研究高管激励提供了契机。国外高管晋升内涵较窄，一般是指副 CEO 晋升到 CEO，CEO 本身再无晋升的途径，而我国国企集团化特点及高管经济人身份，使得我国国企高管晋升激励存在发挥作用的空间。国内关于高管晋升的研究虽已取得了丰硕的成果，但因为关于高管晋升的度量、数据收集的规范性等问题，对与高管晋升的研究还具有广阔的空间。本书从国企分类的视角，考核了不同类别国企高管晋升的决定因素，公益类国企高管晋升的考核指标是承担非经济目标，而商业类国企高管晋升的考核指标是财务业绩指标，这与以往把国企作为单一对象的研究结论不同。

（3）已有关于高管激励诱发盈余管理的研究，大多是以应计盈余管理为对象，本书拓展了已有研究，以应计盈余管理、真实盈余管理及总盈余管理为研究对象，并考察了货币薪酬和晋升激励两种激励方式对盈余管理的影响，丰富了已有研究。首先，本书考察了两种高管激励方式对盈余管理的影响，既包括显性激励方式货币薪酬，又包括隐性激励方式高管晋升，并考察货币薪酬和高管晋升交互作用对盈余管理的影响，补充了已有文献只孤立研究单一高管薪酬激励对盈余管理的影响的空白。其次，本书以应计盈余管理和真实盈余管理为研究对象考察高管激励与盈余管理的关系。无论哪类盈余管理都会降低会计信息质量，都不利于股东利益最大化和资本市场持续发展，但两者对企业盈余的影响时间、程度、监管风险不同，应计盈余管理通过操纵应计项目影响盈余在各会计期间的分配，是一种短期行为，对企业影响较小，但被监管部门发现并处罚风险较大；而真实盈余管理通过真实的交易操纵盈余，实务中很难辨别，实施难度较大，成本较高，长期来看会影响企业业绩，但被监管部门发现并处罚风险较小。应计盈余管理和真实盈余管理的特点也决定了不同类别、不同高管激励措施与不同类型盈余管理关系存在差别。

第3章 制度背景分析

国有企业薪酬制度的演进和国企分类改革都与国企改革的进程密不可分，国企薪酬制度变革和国企分类改革都是国企改革中的重要组成部分，国企改革为国企薪酬制度变革和国企分类改革提供了基础条件。本章在回顾国企改革历程的基础上，梳理国企薪酬制度变革和国企分类改革的进程，结合第2章的理论基础和文献综述，为后面所要研究的国企分类视角下激励机制有效性奠定基础。

3.1 国企改革的历程

国有企业改革基本经历了放权让利、建立现代企业制度、政资分开三个阶段。第一阶段放权让利阶段的根本特征就是政企分开，政府将企业经营权归还企业；第二阶段建立现代企业制度阶段的根本特征就是国企公司制改革；第三阶段政资分开阶段的根本特征就是建立国资委代国家独立行使资产所有权。

3.1.1 国企改革第一阶段——放权让利

1978年，党的十一届三中全会拉开了国企改革的序幕。会议的核心指导精神之一就是扩大企业经营自主权，实现政企分开，改变过去传统计划经济下政府干预过多、以政代企、政企不分的现状，实现由计划经济向市场经济过渡。为了贯彻党的十一届三中全会会议精神，推动国企改革进程，1979~1990年，国家先后颁布了《关于扩大国营工业企业经营管理自主权的若干规定》《国营工业企业暂行条例》《国务院关于进一步扩大国营工业企业自主权的暂行规定》《中共中央关于经济体制改革的决定》《关于深化企业改革增强企业活力的若干规定》等指导性文件，明确了国企的法人地位，从利润留成、折旧政策、生产计划、价格制定、产品销售等各个方面扩大了企业经营自主权，并推行承包责任制，进一步提高企业自主生产经营的积极性，放权给企业，让利给企业和职工，鼓励企业自主经营自负盈亏，真正成为市场经济的主体。

1978～1991 年的第一阶段国企改革，通过政府的放权让利扩大了企业的经营自主权，一定程度上实现了政企分开，政府将权力和利益让渡给了企业和职工，这对企业具有较强的激励效应，增强了企业活力。但本次改革未触及所有权问题，只是把本应该由企业享有的经营权归还给企业，仍然存在所有者缺位的问题，国有资产流失严重。

3.1.2 国企改革第二阶段——建立现代企业制度

1992 年党的十四大报告确立了"建立社会主义市场经济体制"的目标，1993 年党的十四届三中全会正式提出"建立现代企业制度"。现代企业制度核心特点是产权清晰、权责明确、政企分开、管理科学。公司制是现代企业制度最典型的组织形式，因此建立现代企业制度的目标具体转换为国企的公司制改革。随后，国家颁布了《中华人民共和国公司法》（以下简称《公司法》），从法律层面为国企公司制改革提供了理论依据。公司制改革调整了国有企业的战略布局，遵循"抓大放小"原则，改变了国企过去所涉及领域过宽过于零散的现状，主要控制涉及国家安全、自然垄断和公共服务等主要行业和关键领域。

1992～2002 年的第二阶段国企改革，国企基本建立了现代企业制度，进一步规范了企业的组织形式和管理机制，提高了企业的生产经营效率，增强了企业活力。经过本轮的改革，国企数量及在整个国民经济中的比重降低，但在整个国民经济中的影响力并未下降。但本轮改革仍然是企业内部组织形式的改革，仍未解决所有权问题，一直存在的所有者缺位、国有资产流失问题仍然存在，成为制约国企发展并影响国企改革成效的痼疾。

3.1.3 国企改革第三阶段——政资分开

2003 年国资委成立标志着新一轮国企改革的开始。国资委代表国家行使所有权权利，其他政府部门不再对国企行使权利，在此体制下逐渐形成了国家、国资委、企业集团、国有企业的资产授权经营体系。国资委代表国家履行出资人责任，一定程度上实现了政资分开。这一国有资产管理体制的改革，使企业不受除国资委以外的其他政府部门的干预，可以独立运行自主经营，只需遵循市场规律，真正从过去面对政府转变为面对市场，有利于减轻企业行政负担，增强企业活力，真正使企业成为市场经济的主体，这一管理体制在实践中也体现出其优越性。与此同时，党的十六届三中全会后还提出"建立现代产权制度"，建立现代产权制度的方法就是国企股份制改革，国有企业的内涵更广泛，除了包括国有独资企业，还包括国有控股、国有参股企业。2012 年发布的《国务院关于国有企业改革与发展工作情况的报告》中指出，大部分国企完成了股份制改革，国有企业的效率和效益显著增强。

2003～2012 年的第三阶段国企改革，主要以建立新的国资管理体制和产权变革为主要目标，这次改革不仅涉及企业的生产经营权，还涉及产权制度和管理体制等所有权层面内容，改革的力度更大，影响更深远。此次改革取得了一定成效，提高了国企的效率，一定程度上实现了政资分开，优化了产权制度，初步解决了所有者缺位和国有资产流失的问题。但国资委"管资产、管人、管事、管导向"，掌握了企业的资产权和行政权、人事权，且国资委带有政府的特点，容易采取行政管理的办法，反而限制了企业的经营自主权，不利于增强企业活力，导致了另一种形式的政企不分。

3.1.4 国企改革新阶段

2013 年党的十八届三中全会通过《中共中央关于全面深化改革若干重大问题的决定》，拉开了国企深化改革的序幕。经过之前的三轮国企改革，国企基本上建立了现代产权制度，公司建立了股份制，国有资产管理体制日趋完善，国企的经营效率和效益都有很大提升。但还存在着国有经济战略布局不合理、股份制改革和国有资产管理体制改革不到位等问题，新一轮国企改革的基本目标是"实现市场经济在资源配置中起决定性作用条件下的国有经济与成熟市场经济体制的全面融合"（中国社会科学院工业经济研究所，2014），因此，2015 年，国家发布《关于深化国有企业改革的指导意见》，之后又相继出台了《关于国有企业发展混合所有制经济的意见》《关于国有企业功能界定与分类的指导意见》等文件，主要通过发展混合所有制和国企分类改革推进国企深化改革。

2013 年至今的新一轮国企改革阶段，进入了全面深化改革的新时期，此阶段主要从混合所有制改革、国有资产管理体制的不断完善和国有企业的分类改革方面入手，不断优化国企的战略布局，提升国企影响力。

3.2 国企分类制度背景

3.2.1 国企分类治理初衷——国家使命冲突

国有企业最初出现的原因就是弥补市场缺陷，通过政府的行政手段干预市场经济，防止垄断、外部性等导致市场失灵而不能解决诸多公共性问题。国外发达资本主义国家在市场经济发展的过程中也纷纷建立起了作为调控市场经济工具的国有企业，一般称之为公营企业。英国公营企业产生于 17 世纪，最初英国主要靠市场这只"看不见的手"调控经济，保证市场经济的正常运行，但随着生产力的不断提高和资本主义矛盾的深化，市场经济的缺陷逐渐暴露，需要国家进行宏观调控，因此，公营企业作为行政干预市场经济、进行宏观调控的手段应运而生。德国公营企业的产生和发展主要源于完成社会公共目标。19 世纪末 20 世纪初，最初公营企业的产生是为了维持关系国计民生的必需品水、电、煤气的正常供应，满足人们的公共需求；"二战"后，国家通过公营企业向社会提供廉价的基础设施和公共产品以尽快恢复和发展战后经济；随后国家通过公营企业解决失业问题，应对能源危机，靠公营企业扶植高新技术快速发展。从国外发达资本主义国家公营企业产生发展的历程可以看出，公营企业或者称之为国有企业，其成立的初衷并不是盈利，而是为了弥补市场经济的缺陷，政府通过国有企业干预市场经济进行宏观调控应对市场失灵、外部性等，以保证国民的公共性需求得到满足，公共性才是国有企业的本质特征。

我国的国有企业是社会主义市场经济的基础，具有全民所有制性质，其成立之初就被赋予了太多使命，而这些使命之间存在矛盾和冲突，导致国有企业在改革和发展中出现种种问题。首先，国有企业承担了调控市场经济、弥补市场失灵、提供公共产品的使命。公共性是国有企业最本质的属性，由于公共产品的非排他性和非竞争性属性，无法靠市场规律调节保证公共产品的生产和供应，但公共产品又是一国国民的生活必需品，体现一个国家的福利水平和经济发展水平，因此只能由政府提供。政府成立国有企业、建立诸多基础设施提供公共产品，其本身就不是以盈利为目的的。其次，国有企业还承担了减少失业、维护社会稳定的使命。我国国有企业具有全民所有制性质，且社会主义本身就突出全民所有最终实现共产主义。因而全体人民共同富裕、社会稳定是十分重要的奋斗目标，而失业率太高很显然不利于社会稳定，因此，国有企业又肩负着降低失业率、承担冗余雇员的社会责任，承担冗余雇员很显然会增加企业成本，降低企业效率，不利于企业价值最大化的实现。最后，国有企业还承担促进经济增长、提高企业效率、实现国有资产保值增值等盈利性使命。国有企业尽管承担公益性及社会性目标，但作为企业，盈利仍然是其主要目标。国有企业需要努力提高生产率、降低成本、提升企业业绩、增加企业价值，保证国有资产的保值增值。

在一般的市场经济国家，国有企业的使命只有一个，即弥补市场缺陷的社会公共性使命，但我国的国有企业既要承担公益性责任，又要承担社会性责任，还要承担盈利性责任，这几项使命和责任是相互冲突的。公共产品本身投资大，且一般价格低廉，再加上具有非竞争性和非排他性，很多人存在"搭便车"行为，不会为了消费公共产品而付费，国企无法靠提供公共产品盈利；国企为了维持社会稳定而承担冗员，从而降低企业生产率、增加企业成本进而降低企业盈利水平。因此，国企各种使命之间存在矛盾冲突，承担公共责任和社会责任往往以牺牲企业的盈利性为代价，国企才在发展中出现种种问题和困难，国企改革才举步维艰，要想使国企持续健康发展，国企分类改革迫在眉睫。

3.2.2　国企分类治理的研究成果

我国对于国企分类的研究源于 20 世纪 90 年代，对国企的分类标准和所分类别众说纷纭，有二分法（董辅礽，1995；蓝定香，2006）、三分法（张淑敏，2000；高明华，2013；黄群慧、余菁，2013）、四分法（杨瑞龙等，1998）等。国有企业无论如何分类，都要考虑几个核心要素：第一，公益性和盈利性。公益类企业主要是指提供公共产品和公共服务的企业，如铁路、公交、水、电、燃气、医疗卫生、义务教育等，由于这类产品具有非竞争性和非排他性，一般企业提供此种产品无利可图，只能由国家提供，因此我国政府通过国有企业提供此类产品。盈利性企业就是没有公益性目标，提供一般产品以盈利为目标，很显然公益性和盈利性是存在矛盾冲突的，国有企业进行分类时需要考虑公益性和盈利性因素。第二，垄断性和竞争性。垄断可分为自然垄断和稀缺资源垄断，自然垄断是由规模经济导致边际成本递减从而形成优势，如铁路、水、燃气等。这类企业存在成本优势，再加上提供的一般是国民必需品，因而可以保证产品价格低廉但不亏损。稀缺资源垄断是指为防止稀缺资源使用过度或枯竭而由国家开发资源并有计划地利用，这种情况下其他企业无权开发稀缺资源或需缴纳高额资源税，因为其他企业没有竞争优势，国家形成垄断。稀缺资源垄断企业需要保护资源、合理利用资源，因此价格制定合理、企业不会亏损。国有企业分类改革需要考虑垄断性和竞争性，自然垄断和稀缺资源垄断都涉及国家的特殊行业和关键领域，虽与公益性企业不同，但也不是完全竞争的商业类国企。第三，战略性和非战略性。国家必须控制关系国家安全、国民经济命脉的重要行业和关键领域，如军工产品等，因此，国企分类时还要考虑某些行业、某些领域、某些企业的战略地位。

3.2.3　国企分类治理实践

根据我国对国企分类改革的理论研究成果，结合国企深化改革的时间，2013 年党的十八届三中全会通过了《中共中央关于全面深化改革若干重大问题的决定》，对我国国企改革提出了具有指导性的意见，其中明确提出要准确界定不同国有企业的功能，国有资本加大对公益性企业的投入，放开竞争性业务，为国企分类改革拉开了序幕。2015 年中共中央颁布《关于深化国有企业改革的指导意见》，首次明确地在制度层面提出分类推进国有企业改革，根据国有资本的战略定位和发展目标，结合不同国有企业在经济社会发展中的作用、现状和发展需要，将国有企业分为商业类和公益类。通过界定功能、划分类别，实行分类改革、分类发展、分类监管、分类定责、分类考核，提高改革的针对性、监管的有效性、考核评价的科学性，推动国有企业同市场经济深入融合，促进国有企业经济效益和社会效益有机统一，并对两类国企的经营目标、组织形式、经营范围等做了清晰的界定，完善了国企分类改革的理论体系和顶层设计。2015 年 12 月，国资委、财政部等联合印发《关于国有企业功能界定与分类的指导意见》，将国企明确划分为公益类和商业类两类，商业类可分为特殊功能类和完全竞争类，并对国企分类施策、组织实施原则与形式做了详细规定，使国企分类改革更具操作性。2016 年 9 月，国资委、财政部联合印发《关于完善中央企业功能分类考核的实施方案》，明确了不同类型国企的经营责任，按照企业的功能和业务特点确定了差异化的考核导向和内容。公益类国企以支持企业更好地保障民生、服务社会、提供公共产品和服务为导向，坚持把社会效益放在首位，重点考核产品服务质量、成本控制、营运效率和保障能力；主业处于充分竞争行业和领域的商业类国企，以增强国有经济活力、放大国有资本功能、实现国有资本保值增值为导向，重点考核企业经济效益、资本回报水平和市场竞争能力，引导企业提高资本运营效率，提升价值创造能力。2016 年 12 月，国资委印发《中央企业负责人经营业绩考核办法》，明确规定了分类考核原则，根据国有资本的战略定位和发展目标，结合企业实际，对不同功能和类别的企业，突出不同考核重点，合理设置经营业绩考核指标及权重，确定差异化考核标准，实施分类考核。

通过学习国家颁布的一系列有关国企分类改革的政策法规，可知国企分类改革分类治理已经被提上日程，国企分类改革可以有效解决现存国企经营目标、担负使命存在矛盾冲突的问题，而且可以解决国企高管激励措施缺乏有效性的问题。国企分类改革实践，既考虑国企的盈利性，又考虑国企的公益性和社会性，使不同国企承担不同的经营目标和使命，实现分类治理、分类发展、分类考核、分类定责。国企分类改革有利于国企深化改革进程，是未来国企发展的方向。

3.3　薪酬制度背景及薪酬状况

3.3.1　制度演变

薪酬制度的变革伴随着国企改革的历程而进行，激励机制是国企改革中的一项重点和难点，如何合理激励高管优化薪酬制度是关系到国企长远发展的重大课题，国企改革的不同阶段同时对应了薪酬制度变迁的不同阶段。

3.3.1.1　第一阶段（1978～1991 年）

1978 年刚刚改革开放，国企进入了第一轮"放权让利"改革，政府将生产经营权归还给企业，将利益让渡给企业和职工。此阶段关于国企改革的规范性文件很多涉及激励机制的变革。例如，1986 年颁布的《关于深化企业改革增强企业活力的若干规定》中明确规定了厂长的薪酬构成、考核指标及与职工的薪酬差距，并指出，经营者薪酬与企业效益挂钩，若未完成任期效益目标则扣减厂长个人收入，完成任期目标可以将收入提高到普通职工的 1～3 倍；随后颁布的《全民所有制工业企业承包经营责任制暂行条例》《关于改进完善全民所有制企业经营者收入分配办法的意见》等文件也有类似规定，分别对经营者的薪酬结构、考核指标及与职工的薪酬差距进行了规范。

本阶段的薪酬制度变革未形成系统的政策法规，只是在国企改革相关文件中有零星规定，它是国企改革的一部分。随着政府放权让利，国企管理层的收入分配政策改变了过去的"平均主义"，适当拉开了职工之间薪酬差距，一定程度上激励了管理层的积极性，有利于国企效率和效益的提升。但此阶段的管理层薪酬仍然受政府的行政干预，未遵循市场规律，未按市场进行调节，与职工薪酬虽有差距，但政府规定了薪酬差距的范围，管理层薪酬未完全与企业经济效益挂钩，薪酬政策受政府干预痕迹较重未走向市场。

3.3.1.2 第二阶段（1992～2002 年）

本阶段进入国企改革建立现代企业制度阶段，现代企业制度的典型组织形式为公司制，公司主要分股份有限公司和有限责任公司，伴随着国有企业公司制改革，薪酬制度开始了年薪制和股权激励制度的尝试。1992 年，上海率先开展年薪制试点，随后全国其他地区争相效仿，如深圳等地也开展了试点并制定了在各地区试行的年薪制管理办法。年薪制由于初次试行，在开展实施过程中出现了一些问题，1998 年劳动部暂停了年薪制的实施，但 1999 年党的十五届四中全会指出可以继续试行年薪制并推出了管理层持股等股权激励模式，股权激励模式未在全国试行，只是在少数发达省份试行，但也开始了股权激励在我国的初步探索。2000 年，《进一步深化企业内部分配制度改革的指导意见》明确规定了允许国企管理层推行年薪制，并规定了薪酬结构、考核指标及与职工的薪酬差距。2002 年，我国开始大规模、大范围推广年薪制，为了公平起见，规定了管理层年薪与职工的薪酬差距为 12 倍。

本阶段薪酬变革最典型的特点是开始形成系统的政策法规，并且管理层激励措施开始多元化，不仅有货币薪酬还有股权激励，不仅有传统的月薪制还引入了年薪制。另外一个特点是管理层薪酬与国企效益的相关性变强，逐步开始建立业绩型薪酬，且与职工的薪酬差距拉大，一定程度上起到了激励高管、提高高管积极性、提升企业效率、增强企业活力的作用。但此阶段的薪酬制度规定并不完善，企业的经济效益受很多因素的影响，加上所有者缺位、管理层权力膨胀、信息不对称等，管理者自定薪酬、"业绩降、薪酬升"、天价薪酬事件层出不穷，这不利于企业持续健康发展且激化了社会矛盾。

3.3.1.3 第三阶段（2003～2012 年）

2003 年国资委成立，伴随着国有资产管理体制和产权制度的变革，薪酬制度得到了进一步的完善和规范。2003 年颁布的《中央企业负责人经营业绩考核办法》在制度上承认了年薪制的地位；2004 年颁布的《中央企业负责人薪酬管理暂行办法》规范了企业管理层薪酬结构，2006 年和 2007 年又对此文件进行修订，总体来说，管理层薪酬由基本薪酬、绩效薪酬和任期薪酬构成，并明确了管理层各部分薪酬的考核办法，至此，管理层薪酬制度得到规范和完善。与此同时，股权激励也得到了进一步的完善和发展，2006 年证监会颁布《上市公司股权激励管理办法》，随后国资委颁布《国有控股上市公司（境内）实施股权激励试行办法》，这些文件都对股权激励范围、考核指标、激励水平等进行了规范。

2008 年平安高管天价薪酬事件①引起了社会的广泛关注，出于社会公平和社会稳定的考虑，2009 年 2 月财政部针对金融行业国企颁布了《金融类国有及国有控股企业负责人薪酬管理办法（征求意见稿）》，随后，2009 年 9 月，六部委联合下发《关于进一步规范中央企业负责人薪酬管理的指导意见》，并在之后经多次修订，对管理层薪酬结构和水平、薪酬差距及薪酬支付等做了详细规定，其核心原则就是限薪，规定了管理层薪酬的上限及与职工薪酬差距的上限，即"限薪令"。

本阶段薪酬变革形成了系统的法律法规，且薪酬制度逐渐减少行政干预，走向市场，管理层薪酬与企业绩效挂钩，业绩型薪酬逐步建立起来。但在管理层薪酬走向市场的过程中也暴露了国企所有者缺位、管理层权力膨胀、信息不对称等问题，因而政府又不得不出面干预颁布"限薪令"。总体来说，我国国企高管薪酬仍然摆脱不掉行政干预的痕迹，这与我国经济制度、市场经济发展水平、产权性质等密切相关，要想真正建立有效的市场化薪酬激励机制，必须完善我国经济制度，并发展市场经济，规范产权制度，推动国企改革。

3.3.1.4　薪酬制度变革新阶段（2013 年至今）

本阶段进入国企深化改革阶段，国企通过混合所有制改革、完善国资管理体制、国企分类管理等手段深化国企改革，薪酬制度变革伴随着国企改革的进程，也进入新阶段。2013 年颁布的《关于深化收入分配制度改革的若干意见》中提到了国企高管薪酬要分类管理，根据高管选任方式执行差异化薪酬管理政策。2015 年颁布的《关于深化国有企业改革的指导意见》中提出高管分类分层管理的理念，不同类别国企薪酬管理政策不同，不同层次高管薪酬管理政策不同，不同选任方式高管薪酬管理政策不同。2016 年国资委印发

---

① 资料来源：《平安银行 2011 年年报》。

《关于国有控股混合所有制企业开展员工持股试点的意见》，规范了商业类国企中员工持股的条件、入股价格、持股比例、持股方式等，对商业类国企高管和员工都具有激励效应。2016 年 9 月国资委、财政部联合印发《关于完善中央企业功能分类考核的实施方案》，2016 年 12 月国资委又印发《中央企业负责人经营业绩考核办法》，根据国企的功能定位和战略地位，对不同类别国企高管设置了不同的考核指标，为高管薪酬制度分类分层管理提供了操作指南。

本阶段的薪酬制度改革伴随着混合所有制改革和国企分类治理而不断深入，形成了一系列薪酬制度，不断完善我国薪酬体系建设，特别是本轮的薪酬制度改革更深入、更细化，不同类别高管采用不同的薪酬管理政策，更科学和合理，必能真正对高管起到激励和约束作用。总之国企薪酬改革是一项任重而道远的艰巨任务，随着国企改革的不断深入，薪酬制度也会随之变革，不断激励高管发挥创造性和经营才能，提升企业价值，使薪酬激励机制真正发挥约束和激励作用。

3.3.2 现状分析

为了清晰展示国企总体、不同行业、不同产权性质、不同类别国企高管薪酬现状以及高管与员工薪酬差距，本章以国泰安（CSMAR）数据库中沪深两市 A 股上市公司 2003 ~ 2017 年数据为样本，进行了描述性统计分析，直观展示国企薪酬现状。在样本筛选过程中，剔除了薪酬值缺失的样本，行业分类采用 2012 年修订的《上市公司行业分类指引》中分类，高管薪酬用高管前三名薪酬总额计量。

3.3.2.1 国有企业整体薪酬状况分析

表 3 - 1 中列示了国有企业高管 2003 ~ 2017 年年度薪酬水平变化趋势，总体来看，随着时间的推进，高管薪酬总体趋势是上涨的，无论是均值还是25% 分位数、50% 分位数、75% 分位数，高管薪酬都呈上涨趋势。图 3 - 1 直观地展示了各个分位数高管薪酬的上涨趋势。最小值呈递延波浪式变化，2003 ~ 2011 年高管薪酬最小值都是 0，即存在高管 0 薪酬现象，从 2012 年开始最小值呈上升趋势，到 2014 年达到顶峰为 19.10 万元，然后又下降，到

2017 年又大幅上升到 28.56 万元。高管薪酬最大值也呈波浪式变化，2003～2012 年总体趋势是上升的，虽然在 2005 年和 2009 年稍有下降，但很快回升，在 2012 年达到最高峰 3 068 万元，以后年度下降后逐渐回升，但再没能达到 2012 年高管薪酬水平。

表 3 - 1 　　　　　　2003～2017 年国有企业高管年度薪酬水平

年份	观测值（名）	均值（万元）	最小值（万元）	25% 分位数（万元）	50% 分位数（万元）	75% 分位数（万元）	最大值（万元）
2003	894	48.48	0	20.97	37.09	64.00	388
2004	923	59.97	0	25.50	45.00	75.68	963
2005	920	63.75	0	28.51	49.20	80.89	818
2006	914	78.76	0	33.07	59.94	98.81	1 506
2007	944	112.80	0	42.55	77.86	128.40	1 564
2008	956	124.30	0	51.61	86.20	141.30	1 778
2009	973	131.30	0	59.02	95.99	155.90	1 386
2010	1 012	157.80	0	70.97	115.60	184.00	1 520
2011	1 012	184.60	0	84.64	133.90	204.00	2 529
2012	1 015	188.00	12.17	93.30	143.10	214.40	3 068
2013	1 007	200.20	9.67	98.00	151.70	225.40	1 931
2014	1 010	213.00	19.10	105.70	156.90	238.30	2 233
2015	1 015	223.60	13.65	108.30	166.00	240.70	2 367
2016	1 043	233.70	12.29	113.40	172.20	257.20	2 776
2017	1 064	266.10	28.56	132.90	191.10	287.00	2 998
总计	14 702	155.80	0	58.00	108.00	185.80	3 068

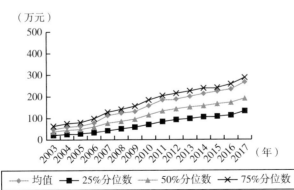

图 3 - 1　2003～2017 年国企高管年度薪酬水平变化趋势

3.3.2.2 国有企业和民营企业薪酬情况对比分析

表3-2是国有企业和民营企业高管薪酬对比情况，从表中可以看到国企和民企数量的变化，总体来看，2003~2017年国企数量呈缓慢增长趋势，中间某些年份稍有下降，但又很快回升，国企数量总体变化不大，从2003年的894家到2017年的1 064家。但民营企业蓬勃发展，2003~2017年从326家增加到2 340家，上涨了将近10倍，从2010年开始，民营企业数量开始超过国有企业数量，这也体现了我们国企改革的成效，退出一些行业和领域，只掌握重要行业和关键领域。国企和民营企业高管薪酬均值总体呈上涨趋势，国企高管薪酬水平从2005年开始一直高于民营企业，图3-2直观展示了国企和民营企业高管薪酬均值的变化趋势。25%分位数、50%分位数、75%分位数基本与均值的变化趋势类似。

表3-2   **2003~2017年国企和民营企业高管年度薪酬水平对比**

年份	企业类型	观测值（名）	均值（万元）	最小值（万元）	25%分位数（万元）	50%分位数（万元）	75%分位数（万元）	最大值（万元）
2003	国企	894	48.48	0	20.97	37.09	64.00	388
	民营	326	52.13	0	19.05	33.18	66.00	512
2004	国企	923	59.97	0	25.50	45.00	75.68	963
	民营	406	60.18	3.30	22.55	41.24	75.26	512
2005	国企	920	63.75	0	28.51	49.20	80.89	818
	民营	423	61.46	0	24.58	42.10	71.36	653
2006	国企	914	78.76	0	33.07	59.94	98.81	1 506
	民营	499	68.07	0	27.87	47.00	76.92	1 415
2007	国企	944	112.80	0	42.55	77.86	128.40	1 564
	民营	595	112.00	1.48	33.60	57.00	93.80	14 200
2008	国企	956	124.30	0	51.61	86.20	141.30	1 778
	民营	633	106.80	0	41.42	68.20	114.30	3 332
2009	国企	973	131.30	0	59.02	95.99	155.90	1 386
	民营	764	116.90	2.42	46.25	76.72	126.30	4 932
2010	国企	1 012	157.80	0	70.97	115.60	184.00	1 520
	民营	1 077	127.20	3.22	56.43	92.88	149.60	2 663

续表

年份	企业类型	观测值（名）	均值（万元）	最小值（万元）	25%分位数（万元）	50%分位数（万元）	75%分位数（万元）	最大值（万元）
2011	国企	1 012	184.60	0	84.64	133.90	204.00	2 529
	民营	1 312	141.30	0	68.33	108.20	171.40	1 923
2012	国企	1 015	188.00	12.17	93.30	143.10	214.40	3 068
	民营	1 427	152.40	7.51	76.32	115.60	182.00	2 506
2013	国企	1 007	200.20	9.67	98.00	151.70	225.40	1 931
	民营	1 457	167.10	7.40	83.20	122.60	195.70	3 266
2014	国企	1 010	213.00	19.10	105.70	156.90	238.30	2 233
	民营	1 564	178.10	10.83	89.45	131.80	207.00	2 714
2015	国企	1 015	223.60	13.65	108.30	166.00	240.70	2 367
	民营	1 739	201.40	0.84	96.52	145.00	225.80	3 436
2016	国企	1 043	233.70	12.29	113.40	172.20	257.20	2 776
	民营	1 993	217.60	12.00	104.70	160.50	251.00	3 627
2017	国企	1 064	266.10	28.56	132.90	191.10	287.00	2 998
	民营	2 340	238.30	16.80	118.30	176.30	274.40	3 908
总计	国企	14 702	155.80	0	58.00	108.00	185.80	3 068
	民营	16 555	164.80	0	68.83	117.10	194.00	14 200

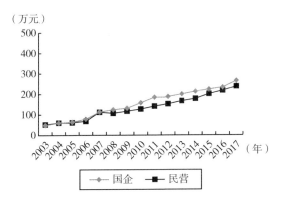

图 3-2 2003~2017 年国企与民营企业高管年度薪酬均值对比

3.3.2.3 不同行业高管薪酬水平分析

表 3-3 列示了不同行业高管薪酬水平，行业分类采用 2012 年修订的《上

市公司行业分类指引》中的分类方式，共 18 个行业。从均值来看，金融业高管薪酬水平最高，达到 479.0 万元，房地产业、租赁和商务服务次之，分别为 221.0 万元和 210.8 万元，薪酬水平最低的是农、林、牧、渔业。图 3 - 3 列示了不同行业高管薪酬均值对比情况，能十分清晰地看到金融业高管薪酬遥遥领先其他行业，农、林、牧、渔业薪酬最低。从最小值来看，制造业、批发和零售业、交通运输仓储邮政、信息传输及软件服务业、房地产业出现 0 薪酬，而最小值中最大的为卫生和社会工作，为 34.73 万元。25% 分位数、50% 分位数、75% 分位数薪酬的最高和最低的分别为金融业和农、林、牧、渔业。最大值中，薪酬水平最大值最高的是房地产业，为 3 068 万元，薪酬水平最大值最低的是卫生和社会工作，为 189.7 万元，表明卫生和社会工作薪酬波动比较小，比较稳定。

表 3 - 3　　　　　　　　不同行业国有企业高管薪酬水平

所属行业	观测值（名）	均值（万元）	最小值（万元）	25%分位数（万元）	50%分位数（万元）	75%分位数（万元）	最大值（万元）
A 农、林、牧、渔业	210	72.96	9.37	32.00	56.29	104.40	447
B 采矿业	606	142.30	3.43	60.36	117.80	180.60	1 394
C 制造业	7 396	134.60	0	52.00	96.00	168.60	1 769
D 电力、热力、燃气	1 082	117.40	4.43	64.90	107.70	154.10	502
E 建筑业	437	150.30	4.65	65.56	124.10	210.10	607
F 批发和零售业	1 198	168.00	0	67.02	120.00	208.00	1 103
G 交通运输仓储邮政	946	157.00	0	80.42	126.30	191.20	969
H 住宿和餐饮业	98	139.50	30.00	71.94	111.10	145.10	1 505
I 信息传输及软件服务业	441	162.80	0	64.90	135.10	218.90	1 258
J 金融业	484	479.00	3.93	96.65	320.40	746.40	2 529
K 房地产业	930	221.00	0	71.35	139.00	234.40	3 068
L 租赁和商务服务	171	210.80	4.56	92.50	162.10	236.50	1 233
M 科研和技术服务	80	131.10	9.33	48.94	104.20	224.80	319
N 水利环境和公共管理	172	98.38	9.00	49.88	86.77	133.10	497
P 教育	17	114.60	28.40	76.40	104.40	132.50	297
Q 卫生和社会工作	16	112.00	34.73	58.07	105.30	171.80	190
R 文化体育娱乐	225	163.50	5.75	76.50	137.10	204.80	983
S 综合	193	125.60	12.46	55.51	100.50	182.40	706
总计	14 702	155.80	0	58.00	108.00	185.80	3 068

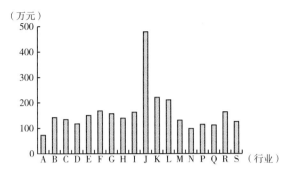

图3-3 不同行业高管薪酬均值对比

从表3-3和图3-3的数据来看，不同行业薪酬水平差距较大，薪酬最高的金融业高管薪酬均值是薪酬最低的农、林、牧、渔业7倍左右；同一行业本身薪酬水平也存在差异，房地产业最大值和最小值分别为3 068万元和0，而卫生和社会工作薪酬最大值和最小值分别为189.7万元和34.37万元，房地产业本身薪酬差距就比较大，而卫生和社会工作行业内薪酬水平比较均衡。

3.3.2.4 高管和普通员工薪酬水平差距情况分析

表3-4列示了高管和普通员工年薪酬对比情况，高管平均年度薪酬用高管前三名薪酬总额/3来计量，普通员工年平均薪酬用（支付给职工以及为职工支付的现金流量-高管前三名薪酬总额)/(在职员工数-3)来计量。表3-4列示的高管和普通员工年度薪酬的均值、最大值、最小值、25%分位数、50%分位数、75%分位数，基本都表明高管薪酬高于普通员工，两者之间存在显著差距。从图3-4高管和普通员工年平均薪酬水平均值对比图中可以直观地看出，高管平均薪酬按年度大幅上升，而员工的年平均薪酬变化幅度不大，因此高管和普通员工年度薪酬差距逐年拉大。图3-5是高管和普通员工年平均薪酬差距趋势情况，可以直观看到高管和普通员工的薪酬差距逐年加大，2003年高管薪酬均值为16.15万元，普通员工为7.86万元，两者相差约9万元，高管薪酬是普通员工的2倍多；到2017年高管薪酬均值为88.69万元，普通员工为16.51万元，两者相差约70万元，高管薪酬是普通员工的5倍多，高管和普通员工的薪酬差距逐年拉大。

表 3 – 4   2003 ~ 2017 年高管和普通员工年平均薪酬水平对比

年份	企业类型	观测值（名）	均值（万元）	最小值（万元）	25% 分位数（万元）	50% 分位数（万元）	75% 分位数（万元）	最大值（万元）
2003	高管	893	16.15	0	6.99	12.33	21.33	129
	普通员工	893	7.86	0.12	1.97	3.07	5.36	727
2004	高管	923	19.99	0	8.50	15.00	25.23	321
	普通员工	923	11.88	0.19	2.22	3.51	6.13	2 422
2005	高管	916	21.25	0	9.50	16.40	26.91	273
	普通员工	916	11.64	0.07	2.38	3.95	6.60	2 910
2006	高管	905	26.30	0	11.05	20.00	32.94	502
	普通员工	905	10.55	− 210.60	2.73	4.29	7.25	1 958
2007	高管	936	37.79	0	14.36	25.99	43.03	521
	普通员工	936	13.35	0.24	3.32	5.33	8.88	1 851
2008	高管	954	41.51	0	17.23	28.80	47.18	593
	普通员工	954	9.76	− 4 728.00	3.98	6.00	9.61	2 615
2009	高管	969	43.85	0	19.87	32.00	52.07	462
	普通员工	969	10.65	− 1 073.00	4.22	6.26	10.47	702
2010	高管	1 010	52.64	0	23.66	38.52	61.43	507
	普通员工	1 010	16.07	− 31.34	4.84	7.26	11.38	1 958
2011	高管	1 012	61.54	0	28.21	44.65	67.98	843
	普通员工	1 012	13.88	− 2.89	5.76	8.18	12.54	919
2012	高管	1 015	62.66	4.06	31.10	47.70	71.45	1 023
	普通员工	1 015	12.05	0.91	6.23	8.57	12.48	447
2013	高管	1 006	66.80	3.22	32.70	50.59	75.15	644
	普通员工	1 006	13.07	0.28	7.01	9.33	13.18	648
2014	高管	1 010	71.01	6.37	35.22	52.31	79.44	744
	普通员工	1 010	15.72	− 0.25	7.62	10.12	14.38	2 99
2015	高管	1 015	74.52	4.55	36.12	55.33	80.23	789
	普通员工	1 015	18.43	− 0.04	8.10	10.83	15.40	3 106
2016	高管	1 042	77.89	4.10	37.80	57.35	85.73	925
	普通员工	1 042	16.34	2.16	8.80	11.67	16.57	2 252
2017	高管	1 064	88.69	9.52	44.31	63.70	95.68	999
	普通员工	1 064	16.51	0.87	9.71	12.80	18.21	1 134
总计	高管	14 670	51.99	0	19.37	36.00	62.00	1 023
	普通员工	14 670	13.30	− 4 728.00	4.45	7.72	12.29	3 106

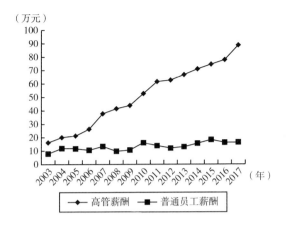

图 3 - 4　2003 ~ 2017 年高管和普通员工年平均薪酬水平均值对比

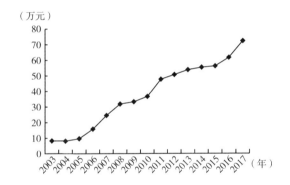

图 3 - 5　2003 ~ 2017 年高管和普通员工年平均薪酬差距趋势

3.3.2.5　不同类别国企高管薪酬情况分析

表 3 - 5 列示了不同类别国企高管年度薪酬，图 3 - 6 直观地展示了不同类别国企高管薪酬水平变化趋势及薪酬差异。整体来看，全样本及三类国企年度薪酬都呈上涨趋势，商业 1 类国企自 2012 年开始出现下降但以后年度逐渐回升。2007 年以前，公益类国企薪酬整体高于两类商业类国企，但 2007 年以后，商业 2 类国企高管薪酬大幅上升，商业 1 类国企高管薪酬也上升。2007 年以后，商业 2 类国企高管薪酬最高，商业 1 类国企次之，公益类国企高管薪酬最低。

表 3 – 5   2003～2017 年不同类别国企高管年度薪酬水平

年份	全样本		公益类国企		商业 1 类国企		商业 2 类国企	
	观测值（名）	均值（万元）	观测值（名）	均值（万元）	观测值（名）	均值（万元）	观测值（名）	均值（万元）
2003	894	48.48	117	51.05	130	44.55	647	48.81
2004	923	59.97	126	64.82	135	55.40	662	59.98
2005	920	63.75	129	67.18	134	62.11	657	63.41
2006	914	78.76	132	78.99	136	76.47	646	79.19
2007	944	112.8	143	104.1	149	110.2	652	115.3
2008	956	124.3	145	110.3	151	118.7	660	128.7
2009	973	131.3	147	115.9	159	117.6	667	137.9
2010	1 012	157.8	153	132.6	163	154.2	696	164.2
2011	1 012	184.6	157	143.9	164	179.1	691	195.2
2012	1 015	188.0	162	156.3	167	185.9	686	196.0
2013	1 007	200.2	161	157.2	170	179.8	676	215.6
2014	1 010	213.0	163	167.9	174	186.4	673	230.8
2015	1 015	223.6	163	183.2	175	186.7	677	242.8
2016	1 043	233.7	166	183.3	184	197.5	693	255.3
2017	1 064	266.1	169	200.4	188	239.8	707	288.8
总计	14 702	155.8	2 233	132.6	2 379	146.2	10 090	163.2

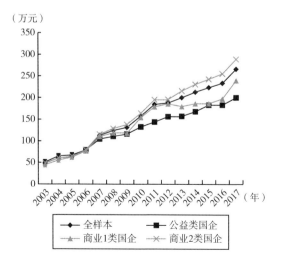

图 3 – 6   2003～2017 年不同类别国企高管年度薪酬水平趋势

3.3.3 小结

通过回顾我国高管薪酬演进的历史及对高管薪酬现状的分析，我们可以得出以下结论：

第一，我国高管货币薪酬制度的变革伴随着国企改革的历程，取得了一定的成就，初步建立起了高管薪酬制度，但受国企改革、经济制度等的限制，货币薪酬制度并未充分起到激励约束的作用，其有效性还有待提高。伴随着国企改革，我国货币薪酬从过去的"平均主义"到现在高管薪酬与企业业绩挂钩，货币薪酬制度初步建立，且在一定程度上起到了激励高管、缓解代理矛盾的作用。但我国国有企业除以盈利为目的外还要承担诸多社会责任；且我国国企高管除追求货币薪酬等经济利益外，还存在晋升诉求，晋升对高管的激励作用不容忽视；同时我国是社会主义国家，除了要激励高管多劳多得适当拉开收入差距以外，还要关注社会公平，维护社会稳定，因此国家多次出台限薪政策。国有企业目标多元化、其他激励方式影响、出于社会公平等考虑的政府干预等都对货币薪酬的有效性产生了不利影响，因此货币薪酬制度还需在考虑我国经济、社会各因素的情况下深入变革，从而真正起到激励约束作用。

第二，国企货币薪酬呈逐年上涨的趋势，但不同行业、不同产权性质、不同类别国企及高管与普通员工薪酬存在巨大差距。通过对国企高管薪酬现状的分析，我们可以直观地了解到不同行业、不同产权性质、不同类别国企及高管与普通员工薪酬存在巨大差距，这也体现出我国国企发展的不均衡，行业间薪酬差距巨大，需要国家根据行业性质进行产业结构调整；高管和普通员工薪酬差距巨大，需要国家调整收入分配政策；不同类别国企高管薪酬差距巨大，需要建立差异化的薪酬激励政策。要解决国企货币薪酬差距问题需要国家完善货币薪酬制度，制定相应的货币薪酬政策，最终提高货币薪酬激励的有效性。

第4章 激励目标异质性和货币薪酬激励效果

在经历国有企业改革"放权让利""制度创新""国资发展"三个阶段（黄群慧、余菁，2013）后，国有资本和国有企业有了很大发展，国有资本初步实现了保值增值，国有企业初步建立了现代企业制度，经营效率得到了较大提升。但是，伴随国有企业改革的不断深入，高管的薪酬激励问题一直制约着国有企业的发展。基于詹森和麦克林（Jensen and Meckling，1976）的代理理论，高管激励可以缓解股东与高管之间的代理问题，薪酬制度设计得当，能够有效降低股东与管理层之间的委托代理成本，激励管理层努力生产经营，提高公司价值，增加股东财富。但对于我国国企薪酬激励效果众说纷纭。

关于国企薪酬激励效果研究结论不一致，原因可能有两个：

第一，衡量薪酬契约有效性的指标一般是薪酬业绩敏感性，未考虑国企经营目标的多元化，因此也未考虑高管激励目标的异质性。西方学者大多认为国有企业的组织目标与私有企业有着本质的区别，国有企业不能成为像私有企业那样仅仅追求经济目标的组织，其首要目标是满足政府的非经济目标，即提供公共品、控制关键行业或者是出于政府管制的其他需要，如弥补市场失灵。我国国企除肩负企业盈利的经济目标外，还需承担政府的多重社会目标，如服从国民经济发展战略规划、宏观调控、就业和维护社会稳定等，这些都会削弱企业价值最大化的目标，进而降低国企高管激励中业绩指标的重要性，导致高管薪酬激励与业绩之间相关性比较差。薛云奎、白云霞（2008）的研究指出冗余雇员显著降低了国有企业高管的平均薪酬，也显著降低了高管薪酬与业绩之间的敏感性。因此，在国企中，业绩本身就不是衡量高管的唯一标准，薪酬也不是激励高管的唯一方式，所以在衡量薪酬激励有效性时应结合异质性激励目标和多样化激励方式。

第二，未考虑国企内部差异性。国企尽管都有国有资本控股或参股，但其规模、股权结构、治理结构、涉足领域、所在地域、经济地位存在巨大差异。虽然国企承担社会目标等非经济目标，但是，并不是每一个国企都承担所有的非经济目标，并不是每一个国企以相同的比重承担各个非经济目标，尽管都是国企，其承担非经济目标的情形也存在差异。已有研究国企薪酬契约的文献，鲜少对国企进行分类研究，从而得出大相径庭的结论。《决定》及《指导意见》将国企分为公益类国企和商业类国企两类，两类国企在战略定位、经营目标和股权结构方面有很大差异，这必然会影响薪酬契约的结构及内容，也会影响薪酬契约的有效性，为我们在国企分类的框架下研究薪酬契约的有效性提供了契机。

本章基于高管激励目标的异质性，从国企分类的视角，检验高管薪酬契约的有效性。首先，根据《决定》和《指导意见》的文件精神，将国有企业分为公益类、商业 1 类（特殊功能类）和商业 2 类（完全竞争类），并比较三类企业经营目标差异性；其次，比较三类企业薪酬业绩敏感性；最后，检验异质性激励目标对薪酬契约有效性的影响。目前学术界对国企分类治理的研究大多停留在理论和政策层面，对高管薪酬契约及高管行为的研究未考虑国企类别的影响，这恰好为本书提供了研究空间。本书尝试通过大样本的实证检验，对我国国企分类治理的现状进行研究，并从国企分类的视角，研究一直困扰学术界和实务界的薪酬有效性问题。期望通过此研究，能够为我国国企分类改革提供一定的经验证据，并为政策制定和全面深化改革提供意见、参考。

4.1　理论分析和假设提出

4.1.1　理论分析

对货币薪酬激励的研究伴随着现代企业制度的建立和委托代理理论的发展由来已久，形成了许多丰硕的成果。国内外已有研究主要从货币薪酬的决定因素、经济后果及与其他激励方式的交互作用来进行研究，货币薪酬的决定因素研究主要从业绩、公司治理、人力资本等层面进行研究，货币薪酬的经济后果研究主要从对业绩的影响、对投资效率的影响、盈余管理等层面进行研究，并考虑了股票期权和货币薪酬的交互作用。货币薪酬的决定因素研究，特别是财务业绩对货币薪酬的影响及业绩与薪酬关系的研究是广受关注的话题之一。

薪酬激励最初的目的是缓解代理冲突、降低代理成本，因此，采用业绩与薪酬挂钩的方式，使管理层与股东利益趋于一致，所以货币薪酬最基本的决定因素是企业业绩。霍姆斯特罗姆（Holmstrom，1979）的研究表明，货币薪酬和公司绩效存在显著的正相关关系，高管货币薪酬由其对绩效的贡献而决定。墨菲（Murphy，1999）的研究表明，高管货币薪酬和企业财务绩效显著正相关，但受行业和公司规模的影响，高管薪酬业绩敏感性因行业和公司规模不同而存在差异性。格雷厄姆（Graham，2009）的研究表明，高管个人能力影响公司绩效从而影响高管货币薪酬，即因高管个人能力而提升业绩的高管获得更高的货币薪酬。

在我国早期的研究中认为货币薪酬与业绩不相关，魏刚（2000）的实证研究表明，高管货币薪酬与企业绩效并无显著相关关系，而与企业规模正相关，货币薪酬并未起到缓解代理冲突、降低代理成本的作用。李增泉（2000）的研究也表明企业绩效并不能决定高管薪酬，两者并无显著相关关系。随着我国市场化进程加快和国企改革初见成效，国企的薪酬制度逐步引入了市场化因素，具有了业绩型薪酬的特点（辛清泉等，2007），薪酬与业绩的敏感性随时间的推移而逐步加强（方军雄，2009）。杜兴强和王丽华（2007）分别用会计业绩指标和市场指标衡量企业绩效，实证检验了高管薪酬与公司绩效之间的关系，结果表明，高管薪酬与会计业绩代表的绩效正相关，会计业绩影响高管薪酬。

已有对业绩与货币薪酬关系的研究，大多以薪酬业绩敏感性衡量货币薪酬有效性，基本未考虑非财务业绩指标；国外研究主要以私人企业为研究对象，国内研究虽然考虑产权性质差别，但大都将国有企业作为一个整体进行研究，未考虑国企内部差异性。国企承担多重任务目标，而且国企本身存在巨大差异，因此货币薪酬与业绩关系可能更复杂。

中共中央在深化国企改革进程中提出了国企分类改革、分类治理的重大举措，为本书在国企分类视角下研究货币薪酬有效性提供了契机。我国对于国企分类的研究由来已久，有二分法（董辅礽，1995；蓝定香，2006）、三分法（张淑敏，2000；高明华，2013；黄群慧、余菁，2013）、四分法（杨瑞龙等，1998）等，中共中央根据已有研究成果，于 2013 年及 2015 年分别颁布《中共中央关于全面深化改革若干重大问题的决定》（以下简称《决定》）及《关于深化国有企业改革的指导意见》（以下简称《指导意见》），明确根据功能界定和经营目标差异性将国企分为公益类国企和商业类国企。本章根据相关文件指导精神，将国企分为公益类国企和商业类国企，商业类国企又可分为特殊功能类国企和完全竞争类国企，具体分类见表 2－1。

4.1.2 假设提出

辛清泉等（2007）的研究指出国企的薪酬制度逐步引入了市场化因素，具有业绩型薪酬的特点，薪酬与业绩的敏感性随时间的推移而逐步加强（方军雄，2009）。薪酬成为激励高管努力提升企业业绩、实现企业价值最大化经济目标的有效方式。但薪酬业绩敏感性强的前提是企业经营目标为价值最大化，如果企业经营目标并非或者并不完全如此，那么高管的考核可能就不会，也不应该完全基于公司业绩，即企业经营目标构成了高管激励契约的基础（Gibbons，1998）。根据相关文件的指导精神可知，公益类国企以保障民生、服务社会、提供公共产品和服务为主要目标，商业类国企按照市场化要求实行商业化运作，以增强国有经济活力、放大国有资本功能、实现国有资产保值增值为主要目标，两类国企的市场功能定位、经营目标不同，公益类国企承担更多的社会目标。公益类国企经营目标的多元化，导致高管薪酬激励的目标也不仅是提升业绩，还包括完成多重社会目标，如服从国民经济发展战略规划、宏观调控、就业和维护社会稳定等，因此薪酬业绩敏感性不高也就顺理成章；另外企业多重经营目标之间可能会发生冲突。高管把更多的时间和精力及企业资源用于完成非经济目标，使资源流向非效率领域，很可能对公司业绩产生负面影响，割裂了高管努力程度与企业业绩之间的相关关系，不利于业绩薪酬契约的实施。因此本章提出如下假设：

假设 4 - 1：和商业类国企相比，公益类国企薪酬业绩敏感性较差。

西方学者大多认为国有企业的组织目标与私有企业有着本质的区别，国有企业不能成为像私有企业那样仅仅追求经济目标的组织，其首要目标是满足政府的非经济目标，即保障民生、发展经济、增加税收、扩大就业等目标。2006 年、2009 年和 2013 年三个版本的《地方党政领导机关和领导干部综合评估体系》中明确规定了地方官员业绩评价的三个指标分别为：地方经济水平、失业率和家庭收入，因此，地方政府有动机提高地方经济水平和降低失业率。由于我国国企的控制权仍然掌握在政府手中，而且国企高管的人事权也经过政府行使，资产权和人事权的双重管制，使政府有能力对国企施加影响以助其完成诸如就业和经济增长等政治和社会目标。

我国的社会保障体系尚不健全，地方政府降低失业率的一个有效方式就是由地方国企消化冗余雇员，维持社会稳定。国内外研究都表明国企冗余雇员现象普遍存在。杜文特和马拉泰斯塔（Dewenter and Malatesta，2001）发现国有企业的雇员数量相对资产的比率以及雇员数量相对销售收入的比率均高于私有企业。薛云奎、白云霞（2005）研究发现高失业地区的国有企业承担了更多的冗余雇员。但承担冗余雇员会增加企业成本，降低效率，从而影响公司业绩。李和梁（Li and Liang，1998）发现冗余的非生产性工人是导致国有企业亏损的一个主要原因。薛云奎、白云霞（2005）研究发现承担冗余雇员对国有企业的绩效产生了显著的负面效应。政府利用手中的行政权及资产权、人事权使国企履行降低企业绩效的非经济目标，若因为业绩的降低而减少高管的货币薪酬且未有其他弥补措施会打消高管履行非经济目标的积极性，因此，高管薪酬不完全与业绩挂钩，还添加其他多重的考核指标，以降低业绩在高管货币薪酬决定机制中的重要性，所以承担冗余负担降低了高管薪酬业绩的敏感性。

经济增长是地方政府的另外一个重要目标，而投资是促进经济增长的主要手段之一。然而政府为实现其政治和社会目标，很可能会通过干预企业的投资决策将非效率目标内化于企业投资活动中，政府干预程度对国有上市公司的投资效率有负向作用，较强的政府干预很可能导致企业的过度投资行为。然而我国的经济增长模式长期以来依靠固定资产的重复高投入来驱动较大体量的经济增长，尽管导致过高能耗、物耗与环境成本，减损经济增长的质

（郝颖、辛清泉、刘星，2014），但确实有效提升了经济增长的量，因此，过度投资短期内确实能够促进经济增长，达到地方政府的政治预期，实现其政治和社会目标。但过度投资会降低企业的投资效率，损害企业绩效。地方政府为了激励国企高管助其实现经济增长的目标，在国企因过度投资而绩效降低的情况下并不降低高管货币薪酬或小幅降低高管货币薪酬，因此为促进经济增长而导致的过度投资降低了高管薪酬业绩敏感性。

公益类国企的功能定位决定其承担更多的非经济目标，即承担更多的冗余雇员，存在更多的过度投资，并且公益类国企受政府干预强度更大。商业类国企主要处于竞争类行业，市场化程度较高，侧重于实现企业价值最大化的经济目标，因此，本章提出以下假设：

假设 4 – 2：和商业类国企相比，公益类国企因为承担超额冗员、过度投资而降低了薪酬业绩敏感性。

4.2 研 究 设 计

4.2.1 薪酬业绩敏感性

4.2.1.1 模型构建

为了检验薪酬业绩敏感性，本章构建了如下模型：

$$Com_t = \beta_0 + \beta_1 fen_i + \beta_2 Roe_t + \beta_3 Roe_t \times fen_i$$
$$+ \beta Control + \sum YEAR + \sum IND + \varepsilon_i \qquad (4.1)$$

4.2.1.2 变量定义

（1）被解释变量。Com_t 为被解释变量，代表上市公司 t 年高管的货币薪酬水平，其值等于前三名高管的薪酬总额对数。

（2）解释变量。Roe_t 为公司 t 年净资产收益率，用于衡量公司业绩，为模型中的解释变量。

fen_i 为代表国企分类的哑变量，为模型中的解释变量，设置此分类变量的目的是比较不同类别国企的经营目标及薪酬业绩的敏感性，i 分别赋值为 1、2、3。若为公益类国企，fen_1 赋值为 1，若为商业 2 类国企，fen_1 赋值为 0；若为公益类国企，fen_2 赋值为 1，若为商业 1 类国企，fen_2 赋值为 0；若为商业 1 类国企，fen_3 赋值为 1，若为商业 2 类国企，fen_3 赋值为 0。

公司业绩与公司分类变量的交乘项 $Roe_t \times fen_i$ 为模型主要的测试变量，用来比较不同公司之间薪酬业绩敏感性的差异。

（3）控制变量。除此之外，模型还控制了企业规模、成长性、资产负债率、高管持股、第一大股东持股、董事会规模、独董比例等公司层面和治理层面变量。具体的变量定义见表 4-1。

表 4-1　　　　　　　　　　　主要变量定义

变量类型	变量名称	变量符号	变量释义
因变量	高管实际薪酬	Com	上市公司前三名高管的薪酬总额对数
解释变量	国企分类哑变量	fen_1	公益类国企赋值为 1，商业 2 类国企赋值为 0
	国企分类哑变量	fen_2	公益类国企赋值为 1，商业 1 类国企赋值为 0
	国企分类哑变量	fen_3	商业 1 类国企赋值为 1，商业 2 类国企赋值为 0
	冗员负担	Exstaff	超额雇员率，按模型（4.3）进行估计
	过度投资	Invest	根据模型（4.4）估计出的正残差
控制变量	净资产收益率	Roe	净利润与净资产的比值
	总资产收益率	Roa	净利润与总资产的比值
	公司规模	Size	公司年末总资产的自然对数
	成长性	Growth	公司营业收入增长率
	财务杠杆	Lev	负债总额与资产总额的比值
	高管持股	Msh	当管理层持股时取 1，否则取 0
	两职合一	Dual	当董事长与总经理两职合一时取 1，否则取 0
	董事会规模	Broad	董事会成员数量
	独董比例	Inde	独立董事人数与董事会人数之比
	股权集中度	First	第一大股东持股份额占公司总股份的比例
	托宾 Q	Tobinq	股票市场价值与总资产的比值
	现金流量状况	Cash	经营活动产生现金流量与总资产的比值
	资产密集度	Capital	固定资产与总资产的比值
	上市年限	Listage	公司上市年限

4.2.2　冗员负担和过度投资与薪酬业绩敏感性

4.2.2.1、模型构建

为了检验冗员负担和过度投资与薪酬业绩敏感性，本章构建了如下模型：

$$\text{Com}_t = \beta_0 + \beta_1 \text{Exstaff}_t / \text{Invest}_t + \beta_2 \text{Roe}_t + \beta_3 \text{Roe}_t \times \text{Exstaff}_t / \text{Invest}_t$$
$$+ \beta \text{Control} + \sum \text{YEAR} + \sum \text{IND} + \varepsilon_i \tag{4.2}$$

4.2.2.2　变量定义

（1）被解释变量。Com_t 为被解释变量，代表上市公司 t 年高管的货币薪酬水平，其值等于前三名高管的薪酬总额对数。

（2）解释变量。

①冗余雇员。本章用超额雇员率衡量冗余雇员。根据白等（Bai et al., 2005）及廖冠民等（2014）的研究，本章以行业平均收入与雇员平均规模的关联为基础测算公司的超额雇员率。其计算公式如下：

$$\text{Exstaff} = \left(\text{staff\_firm} - \text{revenue\_firm} \times \frac{\text{staff\_ind}}{\text{revenue\_ind}} \right) / \text{staff\_firm} \tag{4.3}$$

其中，Exstaff 为超额雇员率，staff_firm 为企业的员工人数，revenue_firm 为企业的营业收入，staff_ind 为所处行业的平均员工人数，revenue_ind 为所处行业的平均销售收入。本章的行业分类依据中国证监会于 2012 年颁布的《上市公司行业分类指引》。Exstaff 越高说明企业冗余雇员越多，承担非经济责任越多。

②过度投资。本章采用理查森（Richardson，2006）的模型分年度分行业回归得到估计期望投资额，非效率投资为公司实际投资额与期望投资额之间的差额，其中差额大于 0 为超额投资（Invest）。Invest 越高，说明公司的超额投资越多，企业承担的非经济责任越多。估计期望投资额的模型为：

$$\text{inv}_t = \alpha_0 + \alpha_1 \text{Size}_{t-1} + \alpha_2 \text{Lev}_{t-1} + \alpha_3 \text{Listage}_{t-1} + \alpha_4 \text{Tobinq}_{t-1} + \alpha_5$$
$$+ \alpha_6 \text{Return}_{t-1} + \alpha_7 \text{inv}_{t-1} + \sum \text{YEAR} + \sum \text{IND} + \varepsilon_i \tag{4.4}$$

其中，inv_t 为当年非流动资产的增加额除以前一年末的总资产，inv_{t-1} 为滞后

一期 inv_t；$Size_{t-1}$ 为前一年末公司总资产的自然对数；Lev_{t-1} 为前一年末的资产负债率；$Listage_{t-1}$ 为到前一年末公司的上市年限；$Tobinq_{t-1}$ 为前一年末的市场价值除以总资产；$Cash_{t-1}$ 为前一年末公司持有的现金除以总资产；$Return_{t-1}$ 为前一年公司的股票回报率。

本模型旨在验证冗余雇员与过度投资对薪酬业绩敏感性的影响，交乘项 $Roe_t \times Exstaff_t / Invest_t$ 为主要的测试变量，根据国企类别进行分组测试，若交乘项系数为负，说明冗余雇员与过度投资降低了薪酬业绩敏感性，若为正则说明冗余雇员与过度投资提高了薪酬业绩敏感性。

（3）控制变量。模型的控制变量主要有企业规模、成长性、资产负债率、高管持股、第一大股东持股、董事会规模、独董比例等公司层面和治理层面变量。具体的变量定义见表 4-1。

4.2.3 样本选取

本章以 2003～2017 年我国非金融类国有上市公司为研究样本，因为本书国企分类之初就不包含金融类公司，所以进行数据处理时不需要进行额外剔除，并按如下顺序对样本进行筛选：（1）剔除 ST、PT 的公司；（2）剔除变量值有缺失的观测。在此基础上进一步对连续变量在 1% 和 99% 水平上进行了缩尾处理（winsorize）。经过筛选获得 1 189 家国有上市公司样本，其中公益类国企 179 家，特殊功能类国企 203 家，完全竞争类国企 807 家。具体观测数根据不同的回归模型稍有差别。公司治理相关数据和财务数据均来自 CSMAR 数据库。

4.3   实证分析

4.3.1   描述性统计

表 4-2 是主要变量的描述性统计结果。全样本 Com 的均值是 13.971，公益类国企 Com 的均值低于商业 1 类国企和商业 2 类国企为 13.955，说明公

益类国企的整体货币薪酬水平较低，但差异并不显著。全样本 Roe 的均值是
0.055，公益类国企 Roe 的均值为 0.064，显著高于商业 1 类国企 Roe 均值
0.057 和商业 2 类国企 Roe 均值 0.052，说明公益类国企的财务业绩高于商业
类国企，但薪酬却低于商业类国企，初步验证公益类国企薪酬业绩敏感性较
商业类国企低。

表 4-2　　　　　　　　　　　变量描述性统计及独立样本 T 检验

变量	全样本		公益类国企 (1)		商业 1 类国企 (2)		商业 2 类国企 (3)		mean - diff		
	观测值	均值	观测值	均值	观测值	均值	观测值	均值	(1)~(2)	(1)~(3)	(2)~(3)
Com	10 740	13.971	1 766	13.955	1 761	13.994	7 213	13.969	-0.039	-0.014	0.025
Exstaff	10 718	0.332	1 763	0.322	1 757	0.382	7 198	0.322	-0.060	0.000	0.060
Invest	5 945	0.131	1 088	0.179	1 012	0.143	3 845	0.114	0.036 ***	0.065 ***	0.107 ***
Roe	10 740	0.055	1 766	0.064	1 761	0.057	7 213	0.052	0.007 ***	0.012 ***	0.005 ***
Size	10 740	22.296	1 766	22.652	1 761	22.746	7 213	22.100	-0.094 *	0.552 ***	0.646 ***
Growth	10 740	0.217	1 766	0.199	1 761	0.253	7 213	0.212	-0.054 ***	-0.013	0.041 ***
Msh	10 740	0.678	1 766	0.617	1 761	0.604	7 213	0.712	0.013 **	-0.095 ***	-0.108 ***
Dual	10 740	0.100	1 766	0.069	1 761	0.085	7 213	0.111	-0.016 *	-0.042 ***	-0.026 ***
Broad	10 740	9.450	1 766	9.995	1 761	9.671	7 213	9.262	0.324 ***	0.733 ***	0.409 ***
Inde	10 740	0.363	1 766	0.356	1 761	0.367	7 213	0.363	-0.011 ***	-0.007 ***	0.004 ***
First	10 740	0.400	1 766	0.428	1 761	0.444	7 213	0.382	-0.016 ***	0.046 ***	0.062 ***
Lev	10 740	0.509	1 766	0.489	1 761	0.530	7 213	0.508	-0.041 ***	-0.019 ***	0.022 ***

注：*** 、** 、* 分别代表在 1% 、5% 、10% 的显著性水平上显著。

　　全样本 Exstaff 的均值为 0.332，总体来看，商业 1 类国企 Exstaff 的均值
最高为 0.382，但与公益类国企和商业 2 类国企的差异并不显著。全样本
Invest 的均值 0.131，公益类国企 Invest 的均值为 0.179，高于商业 1 类国
企 Invest 的均值 0.143 和商业 2 类国企 Invest 的均值 0.114，且差异在 1% 水
平上显著，说明公益类国企比商业 1 类国企和商业 2 类国企有更多的过度投
资，商业 1 类国企即特殊功能类国企比商业 2 类国企即完全竞争类国企有更
多的过度投资，且差异在 1% 水平上显著。

　　通过对 Com、Roe、Exstaff、Invest 描述性统计来看，公益类国企与商业 2
类国企比较（商业 2 类国企具有商业类国企的典型特征，具有代表性），薪

酬没有显著差别，但业绩显著较高，冗员没有显著差别，但有显著较高的过度投资，基本上支持了本章假设，即公益类国企薪酬业绩敏感性较低，且因为承担非经济指标而降低了薪酬业绩敏感性。另外，公益类国企规模比较大（22.652），增长率最低（0.199），两职兼任情况最低（0.069），董事会规模最大（9.995），独董比率最低（0.356），风险最小（0.489）。

4.3.2 回归分析

4.3.2.1 薪酬业绩敏感性

表 4 - 3 是薪酬业绩敏感性回归结果。第（1）列为全样本回归，回归结果为 1.307，且薪酬与 Roe 在 1% 水平上显著正相关，说明我国国企建立起了业绩型薪酬，货币薪酬与业绩显著正相关。第（2）列回归加入了国企分类哑变量 fen_1 及其与 Roe 的交乘项 $Roe \times fen_1$，货币薪酬与 $Roe \times fen_1$ 的回归系数为 -0.581，且在 1% 水平上显著负相关，说明公益类国企比完全竞争类国企薪酬业绩敏感性差。第（3）列回归加入了国企分类哑变量 fen_2 及其与 Roe 的交乘项 $Roe \times fen_2$，货币薪酬与 $Roe \times fen_2$ 的回归系数为 -0.495，且在 5% 水平上显著负相关，说明公益类国企比特殊功能类国企薪酬业绩敏感性差。第（4）列回归加入了国企分类哑变量 fen_3 及其与 Roe 的交乘项 $Roe \times fen_3$，货币薪酬与 $Roe \times fen_3$ 的回归系数为 0.076，但不相关，说明特殊功能类国企与完全竞争类国企薪酬业绩敏感性没有差异。通过以上分析可知，尽管我国国企已经建立起了业绩型薪酬，但公益类国企薪酬业绩敏感性较商业类国企差，货币薪酬激励方式的激励效果较商业类国企差，这证明了假设 4-1。

表 4-3		薪酬业绩敏感性回归结果		
变量	（1） 全样本	（2） 公益类国企和 商业 2 类国企	（3） 公益类国企和 商业 1 类国企	（4） 商业 1 类国企和 商业 2 类国企
fen_1		0.871 *** （4.60）		
$Roe \times fen_1$		- 0.581 *** （- 2.76）		

续表

变量	（1） 全样本	（2） 公益类国企和 商业 2 类国企	（3） 公益类国企和 商业 1 类国企	（4） 商业 1 类国企和 商业 2 类国企
fen_2			− 0. 028 （ − 0. 10）	
$Roe \times fen_2$			− 0. 495 ** （ − 2. 20）	
fen_3				− 0. 175 （ − 0. 82）
$Roe \times fen_3$				0. 076 （0. 44）
Roe	1. 307 *** （19. 83）	1. 373 *** （17. 62）	1. 310 *** （9. 37）	1. 364 *** （17. 12）
Size	0. 295 *** （53. 70）	0. 295 *** （47. 63）	0. 258 *** （32. 39）	0. 318 *** （50. 45）
Growth	− 0. 033 *** （ − 3. 31）	− 0. 037 *** （ − 3. 30）	− 0. 033 ** （ − 2. 10）	− 0. 035 *** （ − 3. 15）
Msh	0. 024 ** （1. 97）	0. 032 ** （2. 37）	0. 026 （1. 42）	0. 008 （0. 57）
Dual	0. 041 ** （2. 25）	0. 041 ** （2. 08）	0. 010 （0. 30）	0. 053 *** （2. 66）
Broad	0. 021 *** （6. 64）	0. 029 *** （8. 29）	0. 007 （1. 54）	0. 019 *** （5. 21）
Inde	− 0. 151 （ − 1. 30）	0. 058 （0. 45）	− 0. 520 *** （ − 2. 71）	− 0. 224 * （ − 1. 75）
First	− 0. 005 *** （ − 11. 82）	− 0. 004 *** （ − 9. 65）	− 0. 007 *** （ − 10. 63）	− 0. 004 *** （ − 9. 44）
Lev	− 0. 771 *** （ − 24. 28）	− 0. 795 *** （ − 23. 02）	− 0. 646 *** （ − 12. 51）	− 0. 817 *** （ − 22. 78）
Constant	6. 286 *** （47. 37）	6. 118 *** （41. 99）	8. 333 *** （33. 81）	5. 826 *** （39. 56）
年度	yes	yes	yes	yes
行业	yes	yes	yes	yes
观测值	10 741	8 979	3 527	8 974
调整后 R^2	0. 547	0. 548	0. 546	0. 553

注： ***、 **、 * 分别代表在 1% 、5% 、10% 的显著性水平上显著。

4.3.2.2 冗员负担和过度投资与薪酬业绩敏感性

表 4 - 4 是在薪酬业绩敏感性回归基础上加入非经济指标后的回归结果。第（1）~（4）列为全样本及各类国企加入冗余雇员 Exstaff 后的回归结果，交乘项 Roe × Exstaff 为主要的考察变量。先看 Exstaff 的回归结果，无论是全样本还是各类国企，Exstaff 的回归系数都显著负相关，说明承担冗员负担影响企业财务业绩，从而影响高管薪酬。第（1）列为全样本回归结果，Roe × Exstaff 的系数为 - 0.008，不显著。第（2）列为公益类国企回归结果，Roe × Exstaff 的系数为 - 0.012，且在 5% 水平上显著负相关，说明公益类国企由于承担冗员负担，显著降低了薪酬业绩敏感性。第（3）列为商业 1 类国企回归结果，Roe × Exstaff 的系数为 - 0.005，也在 5% 水平上显著负相关。商业 1 类国企又称特殊功能类国企，虽为商业类国企，但其本身兼具公益类和完全竞争类国企的双重特点，根据回归结果可知，商业 1 类国企由于承担冗员负担，也显著降低了薪酬业绩敏感性。第（4）列为商业 2 类国企回归结果，Roe × Exstaff 的系数为 - 0.002，不显著，说明商业 2 类国企承担冗员负担并未降低薪酬业绩敏感性。从第（1）~（4）列回归结果可知，公益类国企由于承担冗员负担降低了薪酬业绩敏感性，而完全竞争类国企承担冗员负担并未显著降低薪酬业绩敏感性，证明了假设 4 - 2。

表 4 - 4 　　　　　　　薪酬业绩敏感性与非经济指标回归结果

变量	(1) 全样本	(2) 公益类 国企	(3) 商业 1 类 国企	(4) 商业 2 类 国企	(5) 全样本	(6) 公益类 国企	(7) 商业 1 类 国企	(8) 商业 2 类 国企
Roe	0.612 *** (18.67)	0.413 *** (4.88)	0.666 *** (8.70)	0.623 *** (15.27)	1.358 *** (17.63)	0.750 *** (4.50)	1.644 *** (8.33)	1.359 *** (13.97)
Exstaff/ Invest	- 0.060 *** (- 17.33)	- 0.032 *** (- 4.44)	- 0.056 *** (- 6.64)	- 0.068 *** (- 15.47)	- 0.168 *** (- 4.09)	- 0.057 * (- 1.90)	- 0.046 (- 0.44)	- 0.290 *** (- 4.85)
Roe × Exst/inv	- 0.008 (- 1.13)	- 0.012 ** (- 1.99)	- 0.005 ** (- 1.99)	- 0.002 (- 1.47)	- 0.102 (- 0.36)	- 0.270 *** (- 2.70)	- 0.856 (- 1.24)	0.553 (1.26)
Size	0.259 *** (49.28)	0.198 *** (18.77)	0.253 *** (22.40)	0.285 *** (40.37)	0.277 *** (36.87)	0.205 *** (15.47)	0.290 *** (17.32)	0.301 *** (28.71)
Growth	- 0.028 ** (- 2.55)	- 0.057 ** (- 2.37)	- 0.015 (- 0.60)	- 0.036 ** (- 2.53)	- 0.016 (- 1.21)	- 0.036 (- 1.21)	- 0.021 (- 0.68)	- 0.022 (- 1.26)

续表

变量	(1) 全样本	(2) 公益类 国企	(3) 商业 1 类 国企	(4) 商业 2 类 国企	(5) 全样本	(6) 公益类 国企	(7) 商业 1 类 国企	(8) 商业 2 类 国企
Msh	0.016 (1.41)	0.057 ** (2.50)	- 0.014 (- 0.53)	0.005 (0.34)	0.015 (0.97)	0.027 (0.93)	- 0.023 (- 0.63)	0.015 (0.73)
Dual	0.037 ** (2.18)	- 0.062 (- 1.44)	0.039 (0.88)	0.061 *** (2.99)	0.091 *** (3.83)	0.007 (0.13)	0.123 * (1.90)	0.106 *** (3.66)
Broad	0.021 *** (6.90)	0.033 *** (5.66)	- 0.016 ** (- 2.29)	0.028 *** (7.19)	0.020 *** (5.10)	0.029 *** (4.04)	- 0.015 (- 1.58)	0.029 *** (5.42)
Inde	- 0.104 (- 0.95)	- 0.134 (- 0.50)	- 0.816 *** (- 3.18)	0.022 (0.17)	- 0.012 (- 0.08)	- 0.131 (- 0.40)	- 0.660 * (- 1.91)	0.097 (0.53)
First	- 0.005 *** (- 12.04)	- 0.006 *** (- 7.13)	- 0.007 *** (- 7.22)	- 0.003 *** (- 7.14)	- 0.005 *** (- 9.51)	- 0.004 *** (- 4.11)	- 0.009 *** (- 7.01)	- 0.004 *** (- 5.52)
Lev	- 0.598 *** (- 20.46)	- 0.522 *** (- 8.18)	- 0.482 *** (- 6.47)	- 0.666 *** (- 18.33)	- 0.590 *** (- 12.81)	- 0.422 *** (- 4.67)	- 0.577 *** (- 4.62)	- 0.675 *** (- 11.49)
年度	yes	yes	yes	yes	yes	yes	yes	yes
行业	yes	yes	yes	yes	yes	yes	yes	yes
观测值	10 718	1 763	1 757	7 198	6 471	1 170	1 101	4 200
调整后 R^2	0.560	0.562	0.568	0.570	0.560	0.544	0.579	0.572

注：*** 、** 、* 分别代表在 1%、5%、10% 的显著性水平上显著。

第（5）~（8）列为全样本及各类国企加入过度投资 Invest 后的回归结果，交乘项 Roe×Invest 为主要的考察变量。先看 Invest 的回归结果，无论是全样本还是各类国企，Invest 的回归系数大多都显著负相关，说明过度投资影响企业财务业绩，从而影响高管薪酬。第（5）列为全样本回归结果，Roe×Invest 的系数为 - 0.102，不显著。第（6）列为公益类国企回归结果，Roe×Invest 的系数为 - 0.270，且在 1% 水平上显著负相关，说明公益类国企由于过度投资，显著降低了薪酬业绩敏感性。第（7）列和第（8）列分别为商业 1 类国企和商业 2 类国企回归结果，Roe×Invest 的系数分别为 - 0.856 和 0.553，都不显著。从第（5）~（8）列回归结果可知，公益类国企由于过度投资降低了薪酬业绩敏感性，而商业类国企过度投资并未显著降低薪酬业绩敏感性，证明了假设 4 - 2。

通过以上分析可知，公益类国企由于承担非经济目标如冗员负担和过度投资确实降低了薪酬业绩敏感性，而完全竞争类国企承担非经济目标并未降低薪酬业绩敏感性，因此公益类国企的薪酬业绩敏感性低于商业类国企。此回归结果不仅证明了假设4-2，而且从承担非经济目标的角度探究了公益类国企薪酬业绩敏感性低于商业类国企的成因。

4.3.3　稳健性检验

4.3.3.1　内生性问题

本章回归分析中因变量为薪酬，自变量为业绩，两者可能存在因互为因果导致的内生性问题，有可能是因为业绩高导致薪酬增加，也有可能是因为提高了高管薪酬促进了业绩的提升。本章用工具变量来解决内生性问题。工具变量的选取原则是工具变量与残差不相关，但与原变量高度相关。本章选取企业所在地区生产总值（GDP）作为业绩的工具变量，业绩与 GDP 具有相关性，GDP 会影响高管薪酬，但薪酬不会影响 GDP。本章使用二阶段最小二乘（2SLS）法进行检验，结果见表4-5。

表4-5　　　　　　　　　　　　　工具变量法检验结果

变量	（1）全样本	（2）全样本	（3）公益类国企和商业2类国企	（4）公益类国企和商业1类国企	（5）商业1类国企和商业2类国企
	第一阶段	第二阶段			
IV	0. 266 *** (3. 68)				
fen_1			2. 960 ** (2. 00)		
$Roe \times fen_1$			-34. 585 *** (-2. 66)		
fen_2				1. 668 ** (2. 15)	
$Roe \times fen_2$				-15. 429 *** (-3. 06)	

续表

变量	（1） 全样本	（2） 全样本	（3） 公益类国企和 商业 2 类国企	（4） 公益类国企和 商业 1 类国企	（5） 商业 1 类国企和 商业 2 类国企
	第一阶段	第二阶段			
fen_3					4.406 ** （2.22）
$Roe \times fen_3$					−48.820 ** （−2.00）
Roe		27.486 *** （3.74）	37.782 *** （2.71）	16.780 *** （3.19）	54.410 ** （2.04）
Size	−0.005 *** （−4.95）	0.435 *** （9.68）	0.462 *** （6.47）	0.334 *** （11.16）	0.552 *** （4.45）
Growth	0.015 *** （7.67）	−0.403 *** （−3.44）	−0.513 *** （−2.60）	−0.166 *** （−2.64）	−0.714 ** （−1.98）
Msh	0.001 （0.50）	−0.026 （−0.42）	−0.051 （−0.57）	0.009 （0.19）	−0.088 （−0.68）
Dual	0.005 （1.46）	−0.095 （−0.98）	−0.011 （−0.09）	−0.156 （−1.52）	−0.027 （−0.15）
Broad	−0.000 （−0.77）	0.035 ** （2.21）	0.027 （1.25）	0.020 （1.54）	0.020 （0.63）
Inde	−0.037 * （−1.73）	0.945 （1.47）	1.900 * （1.80）	−0.006 （−0.01）	2.292 （1.37）
First	0.000 *** （5.52）	−0.015 *** （−4.33）	−0.015 *** （−3.05）	−0.014 *** （−4.76）	−0.019 ** （−2.28）
Lev	0.150 *** （27.91）	−4.710 *** （−4.27）	−5.551 *** （−3.06）	−1.907 *** （−4.41）	−8.099 ** （−2.22）
Constant	0.088 *** （3.62）	3.760 *** （4.16）	2.615 * （1.70）	5.719 *** （6.20）	1.219 （0.49）
年度	yes	yes	yes	yes	yes
行业	yes	yes	yes	yes	yes
F	15.87				
观测值	8 983	8 983	7 534	2 920	7 512
调整后 R^2	0.141	0.211	0.243	0.226	0.233

注：***、**、* 分别代表在 1%、5%、10%的显著性水平上显著。

表 4 – 5 第（1）列给出了 2SLS 第一阶段的回归结果，可以看出 IV 系数在 1% 水平上显著正相关，且 F 值大于 10，不存在弱工具变量的问题。第（2）~（5）列为全样本及加入 fen_1、fen_2、fen_3 后货币薪酬与工具变量的回归结果，其中交乘项 $Roe \times fen_1$、$Roe \times fen_2$、$Roe \times fen_3$ 回归系数仍然显著为负，即业绩与薪酬显著负相关，与之前研究结论相同，说明通过工具变量控制内生性后，研究结论仍然不变。

4.3.3.2　替换变量

为了确保研究结果的稳健性，本章使用 Roa 代替 Roe 业绩指标重新进行回归，结果见表 4 – 6。根据稳健性检验结果可知，交乘项 $Roa \times fen_1$、$Roa \times fen_2$ 和 $Roa \times fen_3$ 回归系数显著为负，表明公益类国企比商业 1 类国企和商业 2 类国企薪酬业绩敏感性差。稳健性检验得到了与前面一致的结论。

表 4 – 6　　　　　　　　　薪酬业绩敏感性回归结果

变量	（1）全样本	（2）公益类国企和商业 2 类国企	（3）公益类国企和商业 1 类国企	（4）商业 1 类国企和商业 2 类国企
fen_1		0.972 *** (4.44)		
$Roa \times fen_1$		– 1.921 *** (– 4.40)		
fen_2			1.015 *** (4.27)	
$Roa \times fen_2$			– 0.800 (– 1.65)	
fen_3				– 0.185 (– 0.88)
$Roa \times fen_3$				– 0.806 ** (– 2.02)
Roa	4.172 *** (25.83)	4.534 *** (23.69)	3.694 *** (10.98)	4.514 *** (23.06)
Size	0.275 *** (49.25)	0.274 *** (43.65)	0.243 *** (30.00)	0.296 *** (46.20)

续表

变量	（1） 全样本	（2） 公益类国企和 商业 2 类国企	（3） 公益类国企和 商业 1 类国企	（4） 商业 1 类国企和 商业 2 类国企
Growth	-0.051 *** （-5.11)	-0.055 *** （-4.94)	-0.049 *** （-3.14)	-0.051 *** （-4.67)
Msh	0.023 * （1.92）	0.032 ** （2.40）	0.026 （1.42）	0.008 （0.56）
Dual	0.041 ** （2.25）	0.042 ** （2.14）	0.008 （0.26）	0.055 *** （2.76）
Broad	0.021 *** （6.57）	0.028 *** （8.06）	0.009 * （1.86）	0.018 *** （4.96）
Inde	-0.105 （-0.91)	0.076 （0.60）	-0.429 ** （-2.24)	-0.178 （-1.41)
First	-0.005 *** （-12.19)	-0.004 *** （-9.92)	-0.007 *** （-10.46)	-0.004 *** （-9.88)
Lev	-0.276 *** （-7.88)	-0.308 *** （-8.08)	-0.240 *** （-4.03)	-0.308 *** （-7.88)
Constant	6.479 *** （48.91）	6.333 *** （43.50）	7.245 *** （29.96）	6.046 *** （41.01）
年度	yes	yes	yes	yes
行业	yes	yes	yes	yes
观测值	10 664	8 915	3 507	8 906
调整后 R^2	0.555	0.557	0.552	0.562

注：***、**、*分别代表在1%、5%、10%的显著性水平上显著。

为了确保研究结果的稳健性，本章使用董事、监事及高管前三名薪酬总额代替高管前三名薪酬总额衡量高管货币薪酬，结果见表 4 - 7。根据稳健性检验结果可知，交乘项 Roe × fen$_1$、Roe × fen$_2$ 回归系数显著负相关，表明公益类国企比商业 1 类国企和商业 2 类国企薪酬业绩敏感性差。稳健性检验得到了与前面一致的结论。

表4-7 薪酬业绩敏感性回归结果

变量	(1) 全样本	(2) 公益类国企和 商业2类国企	(3) 公益类国企和 商业1类国企	(4) 商业1类国企和 商业2类国企
fen_1		0.786 *** (3.39)		
$Roe \times fen_1$		-0.459 ** (-2.10)		
fen_2			0.132 (0.44)	
$Roe \times fen_2$			-0.666 *** (-2.69)	
fen_3				-0.440 ** (-1.97)
$Roe \times fen_3$				0.340 * (1.91)
Roe	1.115 *** (16.17)	1.120 *** (13.87)	1.354 *** (8.80)	1.114 *** (13.48)
Size	0.343 *** (59.15)	0.338 *** (52.18)	0.312 *** (35.20)	0.369 *** (55.99)
Growth	-0.051 *** (-4.87)	-0.062 *** (-5.30)	-0.034 ** (-1.99)	-0.054 *** (-4.66)
Msh	0.059 *** (4.60)	0.074 *** (5.29)	0.022 (1.09)	0.052 *** (3.56)
Dual	0.014 (0.75)	0.003 (0.15)	0.011 (0.30)	0.027 (1.30)
Broad	0.050 *** (14.68)	0.056 *** (15.18)	0.034 *** (6.54)	0.050 *** (12.99)
Inde	-0.088 (-0.71)	0.092 (0.68)	-0.562 *** (-2.64)	-0.102 (-0.76)
First	-0.006 *** (-13.01)	-0.005 *** (-10.74)	-0.009 *** (-12.85)	-0.005 *** (-9.61)
Lev	-0.655 *** (-19.51)	-0.669 *** (-18.50)	-0.536 *** (-9.33)	-0.711 *** (-18.92)
Constant	5.997 *** (42.84)	5.942 *** (39.02)	7.746 *** (28.29)	5.419 *** (35.20)

续表

变量	（1） 全样本	（2） 公益类国企和 商业 2 类国企	（3） 公益类国企和 商业 1 类国企	（4） 商业 1 类国企和 商业 2 类国企
年度	yes	yes	yes	yes
行业	yes	yes	yes	yes
观测值	10 753	8 988	3 530	8 988
调整后 R^2	0.555	0.553	0.555	0.563

注：***、**、*分别代表在 1%、5%、10% 的显著性水平上显著。

4.4   研究结论和研究意义

本章基于高管激励目标的异质性，从国企分类的视角，检验高管薪酬契约的有效性。首先，根据《决定》和《指导意见》的文件精神，将国有企业分为公益类、商业 1 类（特殊功能类）和商业 2 类（完全竞争类），比较三类企业薪酬业绩敏感性。研究结果显示，公益类国企比完全竞争类国企薪酬业绩敏感性差，特殊功能类国企比完全竞争类国企薪酬业绩敏感性差。其次，检验异质性激励目标对薪酬契约有效性的影响，结果表明，公益类国企由于执行非经济目标（冗员负担和过度投资）从而降低了薪酬业绩敏感性。

本章研究意义：第一，为国企分类改革提供经验证据。《决定》和《指导意见》提出，国有企业分类改革的出发点就是对国企功能的科学定位，通过界定功能、划分类别，实行分类改革、分类发展、分类监管、分类定责、分类考核。本章通过实证分析验证了不同类别国企涉及领域、经营目标、高管薪酬存在差异，佐证了国企分类改革政策的必要性和合理性。第二，丰富了与高管薪酬相关的文献。高管薪酬与业绩关系的研究在我国一直是热门话题，得出了各种各样的结论。本章从国企分类的视角，基于高管激励目标的异质性，检验了高管薪酬契约的有效性，丰富了与高管薪酬相关的文献。第三，为国企高管薪酬契约的设计提供参考。国资委、财政部联合印发的《关于完善中央企业功能分类考核的实施方案》等相关文件指出，不同类别国企高管考核的内容不同，但相关论述都是指导性规定，并未给出具体的考核指标。如对公益类国企的考核内容指出：以支持企业更好地保障民生、服务社会、提供公共产品和服务为导向，坚持把社会效益放在首位，重点考核产品服务质量、成本控制、营运效率和保障能力。通过本章的研究可知，公益类国企比商业类国企承担更多的冗员、有更多的投资，因此，考核公益类国企高管业绩时可以参考这些指标的完成程度从而使薪酬契约发挥最优的激励效果。

第5章 激励目标异质性和
晋升激励效果

激励机制可以缓解股东与管理层之间的代理问题。我国国有企业，除了存在货币薪酬这种显性激励机制以外，还存在在职消费、声誉、更换、晋升等隐性激励机制，因为我国国企多元化的经营目标、限薪制度，晋升在激励机制体系中起着十分重要的作用。

国外已有文献（Lazera and Rosen，1981；Gibbons and Murphy，1992）研究表明，晋升激励作为一种替代机制弥补薪酬激励的不足，有助于激励高管人员提升公司绩效，而且当绝对业绩的度量噪声较大时可以发挥更大的作用。但国外已有文献研究的对象和微观环境与我国不同，因此其结论并不完全适用于我国。首先，国外高管晋升主要是非 CEO 晋升为 CEO 的企业内部晋升，CEO 本身没有晋升的机会和空间；由于我国国企特性，高管可以晋升为母公司高管，即外部晋升。其次，国外文献中高管所处微观环境为一般企业，以盈利为目的，因此业绩好坏是考核高管晋升与否的唯一标准，而我国主要研究国企中的高管晋升，国企的经营目标不仅以盈利为目的，还承担诸多的非经济目标，因此考核高管晋升与否的标准也不仅仅是业绩好坏。如中共中央组织部等颁发的《中央企业领导班子和领导人员综合考核评价办法》中明确指出："紧密结合企业实际，运用多维度测评、定量考核与定性评价相结合等方法，对中央企业领导班子和领导人员的政治素质、业务能力、工作实绩、勤勉尽责和廉洁自律等情况进行综合考核评价。"

国内一些文献也证明晋升激励与企业财务业绩具有显著的正向关系（徐细雄，2012；杨瑞龙、王元、聂辉华，2013；王曾、符国群、黄丹阳；

2014)。这些研究把国企作为一个整体，未考虑国企本身的差别，国企尽管都有国有资本控股或参股，但其规模、股权结构、治理结构、涉足领域、所在地域、经济地位存在巨大差异，因此财务业绩与高管晋升的关系也存在差异。

财务业绩高低真的是考核高管晋升与否的唯一指标吗？财务业绩与高管晋升真的有显著的正向关系吗？要回答此问题，必须明确一点：企业的经营目标是什么？高管晋升的激励目标是提升财务业绩还是实现非经济目标？

2013 年印发的《中共中央关于全面深化改革若干重大问题的决定》（以下简称《决定》）及 2015 年印发的《关于深化国有企业改革的指导意见》（以下简称《指导意见》）指出，根据国有资本的战略定位和发展目标，结合不同国有企业在经济社会发展中的作用、现状和发展需要，将国有企业分为商业类和公益类。商业类国有企业按照市场化要求实行商业化运作，以增强国有经济活力、放大国有资本功能、实现国有资产保值增值为主要目标，依法独立自主开展生产经营活动，实现优胜劣汰、有序进退。公益类国有企业以保障民生、服务社会、提供公共产品和服务为主要目标，引入市场机制，提高公共服务效率和能力。两类国企在战略定位、经营目标和股权结构方面有很大差异，这必然会影响高管晋升激励的考核指标和执行效率，也会影响薪酬契约的有效性，为我们在国企分类的框架下研究高管晋升提供了契机。

本章手工收集了 2003～2017 年 A 股非金融国有企业高管（总经理和董事长）晋升和降职的数据，基于国企分类的视角，采用配对样本的方法，以高管不变为基准，研究了财务业绩和承担非经济目标对高管晋升和降职的影响。我们研究发现，总体来看，首先，财务业绩和承担社会责任与高管晋升正相关，但公益类国企高管晋升只与承担非经济目标正相关，商业类国企高管晋升只与财务业绩正相关。其次，财务业绩和高管降职负相关，各类国企没有差别。公益类国企高管降职与承担非经济目标负相关，商业类国企与承担非经济目标不相关。本章研究表明公益类国企高管晋升的激励目标是实现非经济目标，而商业类国企高管晋升的激励目标是实现企业价值最大化，两类国企经营目标各有侧重。本章的研究结论为国企分类改革成效提供了实证证据。

5.1　理论分析和假设提出

5.1.1　理论分析

对于高管晋升的研究，主要从高管晋升的影响因素、执行效果及经济后果方面进行，其中高管晋升的影响因素研究是最受关注的话题之一。国外已有文献对于高管晋升与业绩的关系，取得了比较一致的结论。奇凯洛等（Cichello et al.，2006）的研究指出，公司对业绩表现不好的部门经理采取强制更换的惩罚措施，对业绩表现好的部门经理运用升迁的方式进行奖励，业绩好坏是部门经理升降的唯一评价标准。卡莱等（Kale et al.，2009）的研究表明，高管晋升可以激励高管努力工作提升公司绩效，高管晋升与公司业绩显著正相关。因为我国与国外对于高管晋升概念的界定、企业性质、制度环境存在差异，国外已有的研究结论并不完全适用于我国。

我国对高管晋升的研究起步较晚，对于晋升与业绩的关系，得到了莫衷一是的结论。杨瑞龙等（2013）研究了央企高管晋升的影响因素，研究表明，央企营业收入增长率的增加会提高央企领导升迁的概率，并降低央企领导离职的概率，经济绩效和政治关系对国企官员的晋升发挥了互补的作用。廖冠民等（2013）的研究表明，盈余管理会降低国有企业高管晋升对业绩的敏感性，并且当信息不对称程度较低、第一大股东持股比例较高或市场化程度较高时，盈余管理的这种负向影响更大。刘青松、肖星（2015）的研究表明，高管晋升与公司业绩不相关，与承担社会责任正相关；高管降职与公司业绩负相关，业绩较差时，即使承担社会责任也不能降低降职的可能性。张霖琳、刘峰、蔡贵龙（2015）的研究表明央企高管晋升和地方高管晋升的影响因素不同，央企高管晋升依赖业绩表现及个人能力，而地方高管晋升依赖政治关系资源或承担政策性负担。丁肇启、萧鸣政（2018）的研究表明，尽管企业财务业绩影响高管晋升，但并不是所有的业绩评价指标都适用，利润对高管晋升概率有显著正向影响，而其他年度业绩指标与任期业绩指标对高管晋升概率并无显著影响。我国已有对高管晋升影响因素的研究，尽管考虑了产权性质、地域、治理结构的差异，但仍然把国有企业作为了一个整体进行研究，未考虑国企内部经营目标的差异性，设计激励机制的目的是使高管与股东利益一致，完成企业的经营目标。经营目标的差异性决定了激励目标的差异性，从而影响晋升考核指标的差异性。

5.1.2 假设提出

总上所述，高管激励存在两种形式：一是以货币薪酬为代表的显性激励；二是以晋升为代表的隐性激励。在我国的经济环境和制度环境下，晋升激励对国有企业而言尤为重要。虽然我国市场经济体制与现代公司治理结构已逐渐确立，但国有企业仍面临着行政型治理和经济型治理并存的双重治理环境（林毅夫，2004），在政府的行政干预下，国有企业承担起诸如就业、社会稳定等非经济目标，企业价值最大化目标被弱化，这进一步模糊了薪酬和业绩的关系，为了能够有效控制国有企业并使其实现非经济目标，掌握高管人事任免权的政府更多采用晋升激励的方式。出于社会公平和社会稳定的考虑，政府先后颁布了一系列限制高管薪酬、缩小薪酬差距的政策法规，如2009年，人保部、财政部等六部委联合下发《关于进一步规范中央企业负责人薪酬管理的指导意见》，即"限薪令"，这些政策法规在抑制天价薪酬、缩小薪酬差距、维护社会公平、平息舆论的过程中降低了货币薪酬业绩敏感性，为了调动高管提升财务业绩和完成非经济目标的积极性，政府更多采用晋升激励的方式。

高管晋升激励与薪酬激励是两种十分重要的激励方式，两者相互替代（徐细雄，2012）。政府于2003年颁布的《中央企业负责人经营业绩考核暂行办法》经过多次修订，对高管货币薪酬的确定、高管年度考核和任期考核的财务指标规定得十分清晰，货币薪酬具有了业绩型薪酬的特点（辛清泉，2007）。但对于业绩究竟如何对晋升产生影响，仅有业绩评价结果是高管"职务任免重要依据"这样含义模糊的表述（丁肇启、萧鸣政，2018），财务业绩在高管晋升中的地位和作用尚未厘清。晋升激励这种激励方式自采用之初，其初衷并不仅是提升企业业绩，而是要激励高管完成非经济目标。

数量庞大的国有企业，尽管都有国有资本控股或参股，但其规模、股权结构、治理结构、涉足领域、所在地域、经济地位存在巨大差异。尽管国企承担社会目标等非经济目标，但并不是每一个国企都承担所有的非经济目标，并不是每一个国企以相同的比重承担各个非经济目标，尽管都是国企，其承担非经济目标的情形也存在差异。中共中央于 2013 年及 2015 年分别颁布《决定》及《指导意见》，明确指出根据功能界定和经营目标差异性将国企分为了公益类国企和商业类国企，公益类国企以保障民生、服务社会、提供公共产品和服务为主要目标，商业类国企以增强国有经济活力、放大国有资本功能、实现国有资产保值增值为主要目标。很显然公益类国企更偏重非经济目标，而商业类国企更偏重经济目标，两者经营目标的差异，决定了晋升激励的激励目标差异，从而决定了高管晋升考核指标的差异。公益类国企要完成诸如承担冗员、提供公共产品等非经济目标，完成这些非经济目标可能会影响企业财务业绩，与业绩挂钩的货币薪酬激励效果不佳，需要采用晋升激励，且晋升激励的考核指标不应为财务业绩。商业类国企承担较少非经济目标，其决定高管货币薪酬和晋升的指标主要是财务业绩指标。因此本章提出如下假设：

假设 5 - 1：在公益类国企中，高管晋升与财务业绩不相关，与实现非经济目标正相关；在商业类国企中，高管晋升与财务业绩正相关，与实现非经济目标不相关。

国有企业具有经营目标多元化的特点，但财务业绩达到一定标准是基本要求，如果国企业绩太差，将来就可能需要通过政府补助或者低息贷款来使自己脱离财务困境（Qian and Roland，1998），这不符合政府社会福利最大化的目标。只有当业绩达到一定水平后，国企多元化目标的特点才会导致国企对业绩的关注度降低，转而追求其他一些非经济目标（刘青松、肖星，2015）。即业绩达标是基本要求，在业绩达标的前提下完成非经济目标，高管才能获得晋升，但如果高管未达到业绩要求，很可能被更换或降职。刘青松、肖星（2015）的研究表明，"败因业绩，而成非因业绩"，即高管晋升与业绩不相关，与承担非经济目标正相关，高管降职与业绩负相关。丁友刚、宋献中（2011）的研究表明，在政府控制的情况下，高管升迁与公司业绩无关，高管非升迁与公司业绩存在负相关关系。除此之外，非经济目标的完成程度也有可能导致高管降职，若未实现某些非经济目标如"社会稳定"很可能被"一票否决"。例如，2008 年三鹿牌婴幼儿奶粉被发现含有三聚氰胺导致全国大量婴幼儿患肾结石，给全社会造成恶劣影响，破坏社会和谐，不利于社会稳定，其董事长兼总经理田文华被罢免，并追究其刑事责任。公益类国企既承担经济目标又承担更多非经济目标，在财务业绩达标情况下还要完成非经济目标，两者任何一项不达标都可能导致高管降职。商业类国企主要承担经济目标，根据国家的功能界定和职责分类，承担越来越少的非经济目标。因此本章提出如下假设：

假设 5 - 2：国有企业高管降职与财务业绩负相关，在公益类国企中，高管降职与实现非经济目标负相关；在商业类国企中，高管降职与实现非经济目标不相关。

5.2 研 究 设 计

5.2.1 模型构建

为了检验高管变更与经济及非经济目标的相关性，本章构建了如下模型：

$$\text{Prom}_t = \beta_0 + \beta_1 \text{Exstaff}_{t-1}/\text{Invest}_{t-1} + \beta_2 \text{Roe}_{t-1} + \beta\text{Control}$$
$$+ \sum \text{YEAR} + \sum \text{IND} + \varepsilon_i \tag{5.1}$$

$$\text{Dem}_t = \beta_0 + \beta_1 \text{Exstaff}_{t-1}/\text{Invest}_{t-1} + \beta_2 \text{Roe}_{t-1} + \beta\text{Control}$$
$$+ \sum \text{YEAR} + \sum \text{IND} + \varepsilon_i \tag{5.2}$$

5.2.2 变量定义

5.2.2.1 被解释变量

本章用模型（5.1）检验假设 5 - 1，Prom 为高管晋升哑变量，高管晋升 Prom 为 1，高管不变 Prom 为 0。本章用模型（5.2）检验假设 5 - 2，Dem 为高管降职哑变量，高管降职 Dem 为 1，高管不变 Dem 为 0。本章根据 CSMAR 数据库中高管变更数据，手工收集了高管离职后去向，将高管离职后去向分为晋升、平调、降职和离职。CSMAR 数据库中高管离职原因有 12 类：1 = 工作调动；2 = 退休；3 = 任期届满；4 = 控股权变动；5 = 辞职；6 = 解聘；7 = 健康原因；8 = 个人；9 = 完善公司法人治理结构；10 = 涉案；11 = 其他；12 = 结束代理。本章将其中 2、6、7、10 四种情况界定为离职，对于其他原因导致的离职通过手工查阅上市公司报表、网络搜索等手段，获得高管离职后去向信息。本章对高管晋升、平调、降职和离职的界定见表 5 - 1。

表 5 - 1　　　　　　　　　　　　　高管变更去向分类

变更类型	变更原因
晋升	调任政府机关任职
	总经理晋升副董事长或董事长
	总经理或董事长调任母公司任职
降职	总经理或董事长调任本公司其他职位
	在股东单位降职
平调	调任类似公司总经理或董事长
	兼任董事长和总经理变成只当总经理或董事长
	兼任母公司职务和本公司董事长或总经理变成不再兼任本公司董事长或总经理
离职	退休
	解聘
	健康原因
	涉案
	行踪不明

同时本章以高管不变为基础，将高管晋升和高管降职样本以 1∶2 比例进行配对，配对原则如下：年份相同、行业相同、资产规模在 0.8 ~ 1.2 之间的公司。高管晋升 Prom 为 1，高管不变 Prom 为 0；高管降职 Dem 为 1，高管不变 Dem 为 0。

5.2.2.2 解释变量

Roe 为净资产收益率，代表公司业绩，本章用 t－1 年业绩对高管晋升或降职哑变量进行回归，并用 t－1 年 Roa 即总资产收益率进行稳健性检验。

Exstaff 为超额冗员率，用来衡量非经济目标。根据白等（2005）及廖冠民等（2014）的研究，本章以行业平均收入与雇员平均规模的关联为基础测算公司的超额冗员率。其计算公式如下：

$$\text{Exstaff} = \left(\text{staff\_firm} - \text{revenue\_firm} \times \frac{\text{staff\_ind}}{\text{revenue\_ind}} \right) / \text{staff\_firm} \qquad (5.3)$$

其中，Exstaff 为超额冗员率，staff_firm 为企业的员工人数，revenue_firm 为企业的营业收入，staff_ind 为所处行业的平均员工人数，revenue_ind 为所处行业的平均销售收入。本章的行业分类依据为中国证监会于 2012 年颁布的《上市公司行业分类指引》。Exstaff 越高说明企业冗余雇员越多，承担非经济责任越多。模型中用 t－1 年冗员率对高管晋升或降职哑变量进行回归。

Invest 为超额投资，用来衡量非经济目标。本章采用理查森（2006）模型分年度分行业回归得到估计期望投资额，非效率投资为公司实际投资额与期望投资额之间的差额，其中差额大于 0 为超额投资。差额越大，说明公司的超额投资越多，企业承担了的非经济责任越多。估计期望投资额的模型为：

$$\text{inv}_t = \alpha_0 + \alpha_1 \text{Size}_{t-1} + \alpha_2 \text{Lev}_{t-1} + \alpha_3 \text{Listage}_{t-1} + \alpha_4 \text{Tobinq}_{t-1} + \alpha_5$$
$$+ \alpha_6 \text{Return}_{t-1} + \alpha_7 \text{Invest}_{t-1} + \sum \text{YEAR} + \sum \text{IND} + \varepsilon_i \qquad (5.4)$$

其中，inv_t 为当年非流动资产的增加额除以前一年末的总资产，inv_{t-1} 为滞后一期 inv_t；Size_{t-1} 为前一年末公司总资产的自然对数；Lev_{t-1} 为前一年末的资产负债率；Listage_{t-1} 为到前一年末公司的上市年限；Tobinq_{t-1} 为前一年末的市场价值除以总资产；Cash_{t-1} 为前一年末公司持有的现金除以总资产；Return_{t-1} 为前一年公司的股票回报率。用实际的投资额减去估计出的期望投资额，得出非效率投资额，其中大于 0 的部分即为超额投资。

5.2.2.3　控制变量

根据以往文献，本章控制了企业规模、成长性、高管持股、董事会规模、独董比例等公司层面和治理层面变量，并控制高管年龄、任职期限、教育程度等高管个人特征变量，具体变量定义见表 5-2。

表 5-2　　　　　　　　　　　　　　变量定义

变量类型	变量名称	变量符号	变量释义
被解释变量	高管晋升	Prom	高管晋升赋值为 1，高管不变赋值为 0
	高管降职	Dem	高管降职赋值为 1，高管不变赋值为 0
解释变量	净资产收益率	Roe	净利润与净资产的比值
	总资产收益率	Roa	净利润与总资产的比值
	冗员负担	Exstaff	超额雇员率，按模型（5.3）进行估计
	过度投资	Invest	根据模型（5.4）估计出的正残差
控制变量	高管年龄	Age	高管变更时年龄
	任职期限	Time	担任现任职务的期限
	教育程度	Edca	1 = 中专及中专以下，2 = 大专，3 = 本科，4 = 硕士研究生，5 = 博士研究生，6 = 其他
	公司规模	Size	公司年末总资产的自然对数
	成长性	Growth	公司营业收入增长率
	财务杠杆	Lev	负债总额与资产总额的比值
	高管持股	Msh	当管理层持股时取 1，否则取 0
	两职合一	Dual	董事长与总经理两职合一时取 1，否则取 0
	董事会规模	Broad	董事会成员数量
	独董比例	Inde	独立董事人数与董事会人数之比
	股权集中度	First	第一大股东持股份额占公司总股份的比例
	托宾 Q	Tobinq	股票市场价值与总资产的比值
	现金流量状况	Cash	经营活动产生现金流量与总资产的比值
	资产密集度	Capital	固定资产与总资产的比值
	上市年限	Listage	公司上市年限

5.2.3 样本选取

本章手工收集了 2003 ~ 2017 年 A 股非金融国有企业高管（总经理和董事长）晋升和降职的数据，在 CSMAR 数据库下载高管变更数据，删除继任高管数据，保留离职高管数据，结合高管离职原因并通过手工查阅上市公司报表、网络搜索等手段，将高管离职后去向分为晋升、平调、降职和离职四类，具体情况见表 5 - 3、表 5 - 4。

表 5 - 3　　　　　　　　各类国企高管变更后去向年度分布

Panel A：全样本

年份	变更 （名）	晋升 （名）	比率 （%）	降职 （名）	比率 （%）	平调 （名）	比率 （%）	离职 （名）	比率 （%）
2003	341	105	30. 79	50	14. 66	48	14. 08	138	40. 47
2004	310	97	31. 29	50	16. 13	47	15. 16	116	37. 42
2005	335	103	30. 75	51	15. 22	38	11. 34	143	42. 69
2006	295	91	30. 85	39	13. 22	49	16. 61	116	39. 32
2007	305	92	30. 16	52	17. 05	44	14. 43	117	38. 36
2008	300	109	36. 33	34	11. 33	49	16. 33	108	36. 00
2009	327	106	32. 42	66	20. 18	47	14. 37	108	33. 03
2010	322	100	31. 06	43	13. 35	57	17. 70	122	37. 89
2011	331	118	35. 65	53	16. 01	50	15. 11	110	33. 23
2012	304	114	37. 50	38	12. 50	54	17. 76	98	32. 24
2013	357	99	27. 73	52	14. 57	60	16. 81	146	40. 90
2014	374	118	31. 55	46	12. 30	57	15. 24	153	40. 91
2015	396	129	32. 58	35	8. 84	54	13. 64	178	44. 95
2016	436	134	30. 73	48	11. 01	68	15. 60	186	42. 66
2017	436	142	32. 57	34	7. 80	66	15. 14	194	44. 50
总计	5 169	1 657	32. 06	691	13. 37	788	15. 24	2 033	39. 33

Panel B：公益类国企

年份	变更 （名）	晋升 （名）	比率 （%）	降职 （名）	比率 （%）	平调 （名）	比率 （%）	离职 （名）	比率 （%）
2003	53	18	33.96	8	33.96	6	11.32	21	39.62
2004	49	18	36.73	7	36.73	7	14.29	17	34.69
2005	41	11	26.83	8	26.83	3	7.32	19	46.34
2006	58	17	29.31	9	29.31	9	15.52	23	39.66
2007	46	14	30.43	8	30.43	1	2.17	23	50.00
2008	56	21	37.50	6	37.50	7	12.50	22	39.29
2009	49	19	38.78	5	38.78	7	14.29	18	36.73
2010	60	18	30.00	11	30.00	8	13.33	23	38.33
2011	56	21	37.50	8	37.50	9	16.07	18	32.14
2012	54	17	31.48	4	31.48	11	20.37	22	40.74
2013	54	18	33.33	5	33.33	8	14.81	23	42.59
2014	61	17	27.87	10	27.87	12	19.67	22	36.07
2015	69	23	33.33	5	33.33	10	14.49	31	44.93
2016	81	27	33.33	7	33.33	13	16.05	34	41.98
2017	78	20	25.64	6	25.64	17	21.79	35	44.87
总计	865	279	32.25	107	32.25	128	14.80	351	40.58

Panel C：商业 1 类国企

年份	变更 （名）	晋升 （名）	比率 （%）	降职 （名）	比率 （%）	平调 （名）	比率 （%）	离职 （名）	比率 （%）
2003	43	12	27.91	5	11.63	5	11.63	21	48.84
2004	49	21	42.86	4	8.16	7	14.29	17	34.69
2005	57	22	38.60	9	15.79	2	3.51	24	42.11
2006	43	10	23.26	5	11.63	5	11.63	23	53.49
2007	38	13	34.21	6	15.79	7	18.42	12	31.58
2008	41	16	39.02	2	4.88	11	26.83	12	29.27
2009	58	22	37.93	12	20.69	9	15.52	15	25.86
2010	60	19	31.67	6	10.00	12	20.00	23	38.33
2011	56	23	41.07	6	10.71	8	14.29	19	33.93
2012	38	21	55.26	2	5.26	3	7.89	12	31.58
2013	58	13	22.41	6	10.34	11	18.97	28	48.28
2014	80	25	31.25	9	11.25	16	20.00	30	37.50
2015	82	31	37.80	5	6.10	11	13.41	35	42.68
2016	77	26	33.77	9	11.69	11	14.29	31	40.26
2017	65	23	35.38	6	9.23	11	16.92	25	38.46
总计	845	297	35.15	92	10.89	129	15.27	327	38.70

Panel D：商业 2 类国企

年份	变更（名）	晋升（名）	比率（%）	降职（名）	比率（%）	平调（名）	比率（%）	离职（名）	比率（%）
2003	245	75	30.61	37	15.10	37	15.10	96	39.18
2004	212	58	27.36	39	18.40	33	15.57	82	38.68
2005	237	70	29.54	34	14.35	33	13.92	100	42.19
2006	194	64	32.99	25	12.89	35	18.04	70	36.08
2007	221	65	29.41	38	17.19	36	16.29	82	37.10
2008	203	72	35.47	26	12.81	31	15.27	74	36.45
2009	220	65	29.55	49	22.27	31	14.09	75	34.09
2010	202	63	31.19	26	12.87	37	18.32	76	37.62
2011	219	74	33.79	39	17.81	33	15.07	73	33.33
2012	212	76	35.85	32	15.09	40	18.87	64	30.19
2013	245	68	27.76	41	16.73	41	16.73	95	38.78
2014	233	76	32.62	27	11.59	29	12.45	101	43.35
2015	245	75	30.61	25	10.20	33	13.47	112	45.71
2016	278	81	29.14	32	11.51	44	15.83	121	43.53
2017	293	99	33.79	22	7.51	38	12.97	134	45.73
总计	3 459	1 081	31.25	492	14.22	531	15.35	1 355	39.17

表 5 - 4　　　　　　　　　　　**董事长和总经理晋升**

Panel A：全样本

年份	观测数（名）	董事长（名）	比率（%）	总经理（名）	比率（%）
2003	117	47	40.17	70	59.83
2004	109	36	33.03	73	66.97
2005	111	48	43.24	63	56.76
2006	95	44	46.32	51	53.68
2007	101	43	42.57	58	57.43
2008	122	51	41.80	71	58.20
2009	116	45	38.79	71	61.21
2010	110	47	42.73	63	57.27
2011	133	53	39.85	80	60.15
2012	119	49	41.18	70	58.82
2013	113	48	42.48	65	57.52
2014	131	55	41.98	76	58.02
2015	143	60	41.96	83	58.04
2016	148	58	39.19	90	60.81
2017	167	71	42.51	96	57.49
总计	1 835	755	41.14	1 080	58.86

Panel B：公益类国企

年份	观测数（名）	董事长（名）	比率（%）	总经理（名）	比率（%）
2003	19	10	52.63	9	47.37
2004	20	5	25.00	15	75.00
2005	12	6	50.00	6	50.00
2006	18	9	50.00	9	50.00
2007	14	7	50.00	7	50.00
2008	25	12	48.00	13	52.00
2009	22	10	45.45	12	54.55
2010	20	5	25.00	15	75.00
2011	25	10	40.00	15	60.00
2012	20	7	35.00	13	65.00
2013	20	12	60.00	8	40.00
2014	20	11	55.00	9	45.00
2015	24	11	45.83	13	54.17
2016	29	13	44.83	16	55.17
2017	23	6	26.09	17	73.91
总计	311	134	43.09	177	56.91

Panel C：商业 1 类国企

年份	观测数（名）	董事长（名）	比率（%）	总经理（名）	比率（%）
2003	15	8	53.33	7	46.67
2004	24	11	45.83	13	54.17
2005	24	6	25.00	18	75.00
2006	10	5	50.00	5	50.00
2007	14	8	57.14	6	42.86
2008	20	11	55.00	9	45.00
2009	25	9	36.00	16	64.00
2010	20	9	45.00	11	55.00
2011	28	15	53.57	13	46.43
2012	21	5	23.81	16	76.19
2013	17	6	35.29	11	64.71
2014	31	13	41.94	18	58.06
2015	36	12	33.33	24	66.67
2016	29	11	37.93	18	62.07
2017	27	14	51.85	13	48.15
总计	341	143	41.94	198	58.06

Panel D：商业 2 类国企

年份	观测数（名）	董事长（名）	比率（％）	总经理（名）	比率（％）
2003	83	29	34.94	54	65.06
2004	65	20	30.77	45	69.23
2005	75	36	48.00	39	52.00
2006	67	30	44.78	37	55.22
2007	73	28	38.36	45	61.64
2008	77	28	36.36	49	63.64
2009	69	26	37.68	43	62.32
2010	70	33	47.14	37	52.86
2011	80	28	35.00	52	65.00
2012	78	37	47.44	41	52.56
2013	76	30	39.47	46	60.53
2014	80	31	38.75	49	61.25
2015	83	37	44.58	46	55.42
2016	90	34	37.78	56	62.22
2017	117	51	43.59	66	56.41
总计	1 183	478	40.41	705	59.59

从表 5 - 3 Panel A 中可以看到，2003 ~ 2017 年，有 5 169 个高管变更样本，其中高管晋升样本 1 657 个，高管降职样本 691 个。若一年中有多次高管晋升或降职，例如既有董事长晋升或降职又有总经理晋升或降职，则只保留一次晋升或降职。高管晋升占变更比率（32.06％），远远高于高管降职占变更比率（13.37％），表明国企高管职务若非犯严重错误，降职的概率比较低。从 Panel B 中可以看到公益类国企高管晋升概率为 32.25％，降职概率也高达 32.25％，公益类国企晋升概率与商业 1 类国企（35.15％）和商业 2 类国企（31.25％）差别不大，但降职概率远远高于商业 1 类国企（10.89％）和商业 2 类国企（14.22％），说明公益类国企晋升和降职机制可能区别于商业 1 类国企和商业 2 类国企。

表 5 - 4 是总经理和董事长晋升比率比较。Panel A 中列示高管晋升样本一共 1 835 个，不同于表 5 - 3 Panel A 中高管晋升样本 1 657 个，因为表 5 - 4 中包含同一年既有总经理晋升又有董事长晋升的样本。从 Panel A 中可以看

到，总经理晋升比率（58.86%）高于董事长晋升比率（41.14%），说明总经理晋升空间大于董事长晋升空间。从 Panel B、Panel C、Panel D 中可以看到，公益类国企董事长晋升概率高于商业 1 类国企和商业 2 类国企，说明董事长在公益类国企，比在其他类型国企中更容易得到晋升。

　　数据筛选过程如下：（1）剔除 ST、PT 的公司；（2）剔除变量值有缺失的观测；（3）如果一年内有多次高管晋升和降职，则只保留一次晋升或降职；（4）删除高管任职期限不满一年的样本；（5）删除配对不成功的样本。在此基础上进一步对连续变量在 1% 和 99% 水平上进行了 winsorize 处理。每个回归分析中具体观测数根据不同的回归模型稍有差别。晋升回归模型中，高管晋升实验组样本共 1 194 个，其中公益类国企 202 个，商业 1 类国企 219 个，商业 2 类国企 773 个；降职回归模型中，高管降职实验组样本共 565 个，其公益类国企 90 个，商业 1 类国企 71 个，商业 2 类国企 404 个；高管变更回归模型中，高管变更样本共 3 291 个，其中公益类国企 563 个，商业 1 类国企 538 个，商业 2 类国企 2 190 个。公司治理相关数据、财务数据及高管个人特征数据均来自 CSMAR 数据库。

5.3　实 证 分 析

5.3.1　描述性统计

5.3.1.1　高管晋升实验组和对照组主要变量描述性统计

　　从表 5 – 5 Panel A 中可以看到，高管晋升实验组全样本共 1 194 个，根据 1：2 比例配对得到对照组样本共 1 551 个，高管晋升实验组样本中的 Exstaff、Invest、Roe 中值，均显著高于对照组，说明高管晋升的公司承担更多非经济目标，且业绩也好于高管不变公司。除此之外，高管晋升实验组样本中的 Age、Time 中值和中位数与对照组样本也具有显著差异，高管晋升公司高管年龄显著低于高管不变公司，任职时间显著长于高管不变公司。

表 5 - 5　　　　　　　高管晋升实验组和对照组主要变量描述性统计

Panel A：全样本

变量	实验组 （N = 1 194）		对照组 （N = 1 551）		均值检验	中位数检验
	均值	中位数	均值	中位数	T	wilcoxon
Exstaff	0.438	0.157	0.341	0.146	1.81 *	0.44
Invest	0.055	0.012	0.029	0.009	4.62 ***	2.16 **
Roe	0.059	0.067	0.049	0.063	1.84 *	1.60
Size	22.36	22.14	22.29	22.10	1.46	0.62
Age	50.31	50.50	51.22	51	− 4.25 ***	− 3.92 ***
Time	4.148	3.200	3.599	2.588	5.31 ***	7.34 ***
Edca	3.570	4	3.555	4	0.49	0.50
Growth	0.164	0.094	0.164	0.117	0.01	1.98 **
Msh	0.671	1	0.690	1	− 1.09	− 1.09
Dual	0.069	0	0.091	0	− 2.00 **	− 2.00 **
Broad	9.437	9	9.417	9	0.29	0.18
Inde	0.364	0.333	0.361	0.333	1.47	1.45
First	41.57	41.44	39.36	38.38	3.88 ***	4.04 ***
Lev	0.534	0.552	0.522	0.532	1.65 *	1.60

Panel B：公益类国企

变量	实验组 （N = 202）		对照组 （N = 234）		均值检验	中位数检验
	均值	中位数	均值	中位数	T	wilcoxon
Exstaff	0.708	0.226	0.059	0.054	5.01 ***	3.74 ***
Invest	0.117	0.048	0.06	0.028	3.18 ***	2.00 **
Roe	0.063	0.076	0.064	0.077	− 0.13	− 0.18
Size	22.61	22.47	22.75	22.61	− 1.09	− 1.39
Age	50.72	51	51.79	52	− 2.14 **	− 1.85 *
Time	3.994	3.165	3.518	2.601	1.94 *	2.71 ***
Edca	3.554	4	3.537	4	0.25	0.15
Growth	0.145	0.093	0.173	0.096	− 0.77	− 0.27
Msh	0.634	1	0.603	1	0.68	0.68
Dual	0.072	0	0.065	0	0.28	0.28
Broad	9.921	9	10.07	9	0.73	1.00
Inde	0.357	0.333	0.360	0.333	− 0.62	− 0.24
First	42.70	41.99	41.24	41.01	1.04	1.08
Lev	0.512	0.513	0.534	0.542	− 1.15	− 1.05

续表

Panel C：商业 1 类国企

变量	实验组（N = 219）		对照组（N = 264）		均值检验	中位数检验
	均值	中位数	均值	中位数	T	wilcoxon
Exstaff	0.536	0.257	0.374	0.132	1.11	1.19
Invest	0.091	0.021	0.026	0.008	3.68***	2.01**
Roe	0.043	0.062	0.070	0.072	−2.00**	−1.50
Size	22.83	22.66	22.74	22.73	0.69	0.19
Age	50.68	51	50.42	50	0.49	0.56
Time	3.887	3.040	3.202	2.514	2.87***	3.32***
Edca	3.671	4	3.632	4	0.54	0.57
Growth	0.184	0.113	0.195	0.131	−0.28	−0.91
Msh	0.598	1	0.557	1	0.87	0.87
Dual	0.052	0	0.064	0	−0.51	−0.51
Broad	9.694	9	9.929	9	−1.15	−0.83
Inde	0.375	0.357	0.361	0.333	2.37**	2.33**
First	46.70	47.49	44.47	42.59	1.51	1.45
Lev	0.564	0.574	0.526	0.525	2.08	2.31

Panel D：商业 2 类国企

变量	实验组（N = 773）		对照组（N = 1053）		均值检验	中位数检验
	均值	中位数	均值	中位数	T	wilcoxon
Exstaff	0.339	0.084	0.395	0.162	−0.87	−2.06**
Invest	0.030	0.006	0.023	0.005	−1.20	−0.43
Roe	0.056	0.064	0.047	0.059	2.30**	2.44**
Size	22.17	22.00	22.11	21.98	0.99	0.11
Age	50.09	50	51.24	51	−4.29***	−4.06***
Time	4.262	3.250	3.680	2.589	4.50***	6.34***
Edca	3.545	4	3.547	4	−0.06	−0.01
Growth	0.163	0.089	0.157	0.118	0.36	1.99**
Msh	0.701	1	0.730	1	−1.40	−1.40
Dual	0.074	0	0.101	0	−2.01**	−2.01**
Broad	9.238	9	9.196	9	0.53	0.42
Inde	0.363	0.333	0.362	0.333	0.56	0.68
First	39.82	39.52	38.13	36.17	2.47**	2.65***
Lev	0.532	0.552	0.519	0.529	1.40	1.23

注：***、**、* 分别代表在 1%、5%、10% 的显著性水平上显著。

Panel B 是公益类国企高管晋升实验组和对照组主要变量的描述性统计。从表 5－5 中可以看出，高管晋升实验组样本中的 Exstaff、Invest 中值和中位数，均显著高于对照组，说明公益类国企高管晋升的公司承担更多非经济目标。但实验组和对照组 Roe 的中值和中位数并无显著差异，这初步证明了假设 5－1。与全样本相同，高管晋升实验组样本中的 Age、Time 中值和中位数与对照组样本也具有显著差异，高管晋升公司高管年龄显著低于高管不变公司，任职时间显著长于高管不变公司。

Panel C 是商业 1 类国企高管晋升实验组和对照组主要变量的描述性统计，商业 1 类国企是特殊功能类国企，其相当于是公益类国企到完全竞争类国企的过渡，因而其具有两者的双重特点，因此承担的非经济目标和业绩指标也介于两者之间。Panel D 是商业 2 类国企高管晋升实验组和对照组主要变量的描述性统计，商业 2 类国企是完全竞争类国企，能充分体现商业类国企的功能定位和经营目标。从表 5－5 中可以看出，高管晋升实验组样本中的 Exstaff、Invest 中值与对照组并无显著差异，而实验组 Roe 均值和中位数显著高于对照组，说明商业 2 类国企高管晋升的公司财务业绩比较好，但承担的非经济目标与高管不变公司并无显著差异，这初步证明了假设 5－1。

5.3.1.2　高管降职实验组和对照组主要变量描述性统计

从表 5－6 Panel A 可以看出，高管降职实验组全样本共 565 个，根据 1∶2 比例配对得到对照组样本共 1 130 个，高管降职实验组样本中的 Exstaff、Invest、Roe 中值和中位数，基本上均显著低于对照组，说明高管降职的原因既包括未承担非经济目标，也包括业绩未达标。除此之外，高管降职实验组样本中的 Age、Edca 中值和中位数与对照组样本也具有显著差异，均显著低于高管不变样本组，说明年龄较低高管、受教育程度较差高管降职概率比较高。

表 5－6　　　　高管降职实验组和对照组主要变量描述性统计

Panel A：全样本

变量	实验组（N＝565）		对照组（N＝1 130）		均值检验	中位数检验
	均值	中位数	均值	中位数	T	wilcoxon
Exstaff	0.430	0.141	0.601	0.247	－2.13**	－3.11***
Invest	0.034	0.002	0.045	0.006	－1.06	－3.01***
Roe	0.0210	0.0500	0.045	0.06	－2.91***	－3.74***
Size	22.02	21.86	22.34	22.12	－0.86	－0.89
Age	50.60	51	51.67	52	－3.54***	－3.17***
Time	3.879	3	4.184	2.712	－1.98	0.49
Edca	3.450	4	3.576	4	－3.23***	－3.15***
Growth	0.276	0.112	0.145	0.0860	5.11	1.63
Msh	0.634	1	0.681	1	－2.00**	－2.00**
Dual	0.0850	0	0.0900	0	－0.30	－0.30
Broad	9.501	9	9.300	9	2.25**	2.17**
Inde	0.355	0.333	0.362	0.333	－2.64	－2.95
First	41.07	40.28	37.86	36.17	4.18***	4.18***
Lev	0.523	0.541	0.504	0.518	1.98**	1.98**

Panel B：公益类国企

变量	实验组（N＝90）		对照组（N＝180）		均值检验	中位数检验
	均值	中位数	均值	中位数	T	wilcoxon
Exstaff	0.226	0.085	1.097	0.486	－6.13***	－5.89***
Invest	0.033	0.01	0.174	0.058	－3.73***	－5.99***
Roe	0.037	0.056	0.071	0.079	－1.90*	－2.54**
Size	22.52	22.43	22.67	22.56	－0.89	－1.02
Age	50.98	51	52.01	53	－1.42	－1.49
Time	3.901	3	4.147	2.807	－0.65	－0.15
Edca	3.467	3	3.467	4	0.00	0.30
Growth	0.284	0.099	0.131	0.062	2.33**	1.51
Msh	0.644	1	0.600	1	0.71	0.71
Dual	0.062	0	0.076	0	－0.41	－0.41
Broad	10.20	9	9.672	9	2.12**	1.98**
Inde	0.352	0.333	0.358	0.333	－1.12	－1.85*
First	42.38	42.53	40.58	39.26	0.88	0.91
Lev	0.527	0.536	0.523	0.547	0.19	0.34

续表

Panel C：商业 1 类国企

变量	实验组（N = 71）		对照组（N = 142）		均值检验	中位数检验
	均值	中位数	均值	中位数	T	wilcoxon
Exstaff	0.222	0.057	0.591	0.248	−4.18***	−3.81***
Invest	0.019	0.001	0.054	0.003	−2.84***	−2.82***
Roe	0.004	0.037	0.021	0.054	−0.06	−0.79
Size	22.21	22.05	22.94	22.84	−1.55	−1.37
Age	49.79	50	52.33	53	−3.35***	−3.09***
Time	3.526	3	4.224	2.860	−1.65	−0.98
Edca	3.521	4	3.711	4	−1.69*	−1.68*
Growth	0.248	0.088	0.134	0.066	1.57	1.01
Msh	0.549	1	0.578	1	−0.41	−0.41
Dual	0.102	0	0.0510	0	1.39	1.39
Broad	9.239	9	9.503	9	−0.98	−0.81
Inde	0.361	0.333	0.363	0.333	−0.22	−0.09
First	41.77	42.39	40.29	38.49	0.67	0.74
Lev	0.528	0.547	0.529	0.538	−0.03	0.12

Panel D：商业 2 类国企

变量	实验组（N = 404）		对照组（N = 808）		均值检验	中位数检验
	均值	中位数	均值	中位数	T	wilcoxon
Exstaff	0.692	0.244	0.514	0.192	1.89*	0.64
Invest	0.045	0.001	0.021	0.001	1.21	0.24
Roe	0.021	0.050	0.045	0.057	−2.54**	−3.12***
Size	21.88	21.82	22.16	22.03	−1.00	−1.04
Age	50.67	51	51.48	52	−2.24**	−1.85*
Time	3.937	3	4.184	2.693	−1.34	−0.04
Edca	3.433	4	3.571	4	−3.00***	−2.76***
Growth	0.279	0.120	0.149	0.095	4.29***	0.83
Msh	0.646	1	0.715	1	−2.54**	−2.54**
Dual	0.088	0	0.100	0	−0.64	−0.64
Broad	9.391	9	9.194	9	1.96**	1.85*
Inde	0.355	0.333	0.362	0.333	−2.50**	−2.66***
First	40.66	39.56	36.91	34.98	4.20***	4.13***
Lev	0.522	0.539	0.495	0.503	2.21**	2.01**

注：***、**、*分别代表在 1%、5%、10% 的显著性水平上显著。

　　Panel B 是公益类国企高管降职实验组和对照组主要变量的描述性统计。从表 5 - 6 中可以看出，高管降职实验组样本中的 Exstaff、Invest、Roe 中值和中位数，均显著低于对照组，说明公益类国企中业绩未达标、未承担非经济目标都会导致高管降职。Panel C 是商业 1 类国企高管降职实验组和对照组主要变量的描述性统计，商业 1 类国企是特殊功能类国企，其相当于是公益类国企到完全竞争类国企的过渡，因而其具有两者的双重特点，因此其承担非经济目标和业绩指标也介于两者之间。Panel D 是商业 2 类国企高管降职实验组和对照组主要变量的描述性统计。从表 5 - 6 中可以看出，高管降职实验组样本中的 Roe 中值和中位数，显著低于对照组，但 Exstaff、Invest 中值和中位数基本上与对照组无显著差异，这表明对商业 2 类国企来说，业绩太差会导致高管降职，但未承担非经济目标并不会导致高管降职，这初步证明了假设 5 - 2。

5.3.2　回归分析

5.3.2.1　高管晋升

　　表 5 - 7 是高管晋升与经济及非经济指标的回归结果。第 (1) ~ (3) 列全样本回归结果显示，Exstaff、Invest、Roe 回归系数分别为 0.128、1.028、0.378，且分别在 1%、1% 和 5% 水平上显著，说明国企高管晋升与财务业绩和承担非经济目标都显著正相关。第 (4) ~ (6) 列为公益类国企回归结果，Exstaff、Invest 回归系数分别为 0.563 和 1.972，且分别在 1% 水平上显著，说明公益类国企高管晋升与承担非经济目标正相关，Roe 与高管晋升并无显著相关关系，说明高管晋升与企业财务业绩不相关。这证明了公益类国企更注重非经济目标，高管要想获得晋升必须完成经济增长、解决失业等经济和社会目标。第 (7) ~ (9) 列为商业 1 类国企回归结果，Invest 与高管晋升在 1% 水平显著正相关，Exstaff、Roe 与高管晋升并无显著相关关系，这与商业 1 类国企即特殊功能类国企特征有关，其是公益类国企到完全竞争类国企的过渡，因此其具备两者特征。第 (10) ~ (12) 列为商业 2 类国企回归结果，Exstaff、Invest 回归系数分别为 0.035 和 0.250，与高管晋升并无显著相关关系，而 Roe 回归系数为 0.326，且在 1% 水平上显著。回归结果表明商业 2 类

国企即完全竞争类国企高管晋升与承担非经济目标无关，与业绩显著正相关。这证明了完全竞争类国企充分体现了商业类国企的特点，以企业价值最大化为目标，高管要想获得晋升的路径主要是提升企业财务业绩。以上回归结果证实了假设 5 - 1：在公益类国企，高管晋升与财务业绩不相关，与实现非经济目标正相关；在商业类国企，高管晋升与财务业绩正相关，与实现非经济目标不相关。

5.3.2.2 高管降职

表 5 - 8 是高管降职与经济及非经济指标的回归结果。第（1）、（4）、（7）、（10）列为全样本、公益类国企及两类商业类国企高管降职与 Roe 的回归结果，系数均显著为负，经过卡方检验可知三类国企回归系数并无显著差异。这说明业绩达标是国企高管日常经营的首要目标，前面回归结果显示，业绩提升并不一定导致高管晋升，但若是业绩不达标，一定会导致高管降职。第（5）~（6）列为公益类国企样本与非经济指标的回归结果，Exstaff、Invest 回归系数分别为 - 1.168 和 - 2.122，且分别在 1% 和 10% 水平上显著，这表明公益类国企高管降职与承担非经济目标负相关，未承担非经济目标会导致高管降职。第（8）~（9）列为商业 1 类国企样本与非经济指标的回归结果，Exstaff、Invest 回归系数显著为负。第（11）~（12）列为商业 2 类国企样本与非经济指标的回归结果，Exstaff 回归系数为 0.198，在 1% 水平上显著，这说明对完全竞争类国企来说，承担冗员反而会导致高管降职，承担冗员会造成企业效率低下，影响业绩，从而导致高管降职，这也证明了完全竞争类国企更注重财务业绩，更致力于实现企业价值最大化的经济目标，而不是实现非经济目标。Invest 回归系数为 0.394，说明过度投资与高管降职并无显著相关关系。以上回归结果证实了假设 5 - 2：国有企业高管降职与财务业绩负相关，在公益类国企，高管降职与实现非经济目标负相关，在商业类国企，高管降职与实现非经济目标不相关。

表5-7 高管晋升与经济及非经济指标回归结果

变量	全样本				公益类国企		商业1类国企			商业2类国企		
	(1)	(2)	(3)	(4)	(5)	(6)	(7)	(8)	(9)	(10)	(11)	(12)
Exstaff		0.128*** (3.56)			0.563*** (5.05)			0.147 (1.37)			0.035 (0.82)	
Invest			1.028*** (3.24)			1.972*** (3.10)			2.197*** (2.65)			0.250 (0.56)
Roe	0.378** (2.06)	0.290 (0.81)	0.528 (1.52)	0.258 (0.28)	0.150 (0.16)	0.497 (0.52)	-2.380 (1.21)	-2.039 (1.54)	1.815* (1.68)	0.326*** (2.77)	0.277 (0.64)	-0.388 (-0.94)
Size	0.182*** (3.41)	0.211*** (3.90)	0.222*** (4.35)	-0.027 (-0.25)	0.190 (1.46)	0.241** (2.06)	0.124 (0.89)	0.201 (1.36)	0.150 (1.06)	0.256*** (3.93)	0.268*** (3.80)	0.246*** (3.72)
Age	-0.034*** (-4.13)	-0.034*** (-4.02)	-0.032*** (-3.87)	-0.026 (-1.15)	-0.023 (-0.97)	-0.010 (-0.44)	-0.003 (-0.10)	-0.008 (-0.31)	-0.021 (-0.81)	-0.044*** (-4.51)	-0.044*** (-4.45)	-0.042*** (-4.29)
Time	0.117*** (7.07)	0.118*** (7.12)	0.114*** (6.87)	0.092** (2.17)	0.099** (2.26)	0.105** (2.39)	0.161*** (3.19)	0.171*** (3.36)	0.155*** (3.09)	0.119*** (6.00)	0.119*** (6.00)	0.116*** (5.87)
Edca	0.003 (0.05)	0.003 (0.05)	-0.009 (-0.15)	0.048 (0.31)	0.041 (0.26)	-0.025 (-0.16)	0.062 (0.35)	0.093 (0.51)	-0.054 (-0.29)	-0.006 (-0.09)	-0.005 (-0.07)	0.003 (0.04)
Growth	-0.021 (-0.19)	0.028 (0.25)	-0.016 (-0.13)	-0.194 (-0.68)	-0.044 (-0.15)	-0.036 (-0.11)	0.077 (0.25)	0.174 (0.56)	0.267 (0.77)	-0.015 (-0.11)	-0.002 (-0.01)	-0.014 (-0.10)
Msh	-0.075 (-0.77)	-0.066 (-0.67)	-0.128 (-1.30)	0.265 (1.14)	0.336 (1.38)	0.018 (0.07)	-0.048 (-0.19)	-0.011 (-0.04)	-0.055 (-0.21)	-0.240** (-1.96)	-0.237* (-1.93)	-0.220* (-1.78)

续表

变量	全样本			公益类国企			商业1类国企			商业2类国企		
	(1)	(2)	(3)	(4)	(5)	(6)	(7)	(8)	(9)	(10)	(11)	(12)
Dual	-0.412** (-2.51)	-0.404** (-2.47)	-0.382** (-2.34)	-0.200 (-0.44)	-0.158 (-0.34)	-0.099 (-0.21)	-0.277 (-0.55)	-0.217 (-0.43)	-0.130 (-0.26)	-0.428** (-2.25)	-0.425** (-2.23)	-0.408** (-2.14)
Broad	-0.052** (-2.05)	-0.053** (-2.06)	-0.040 (-1.54)	-0.130** (-2.31)	-0.126** (-2.12)	-0.112* (-1.91)	-0.031 (-0.50)	-0.035 (-0.54)	-0.052 (-0.79)	-0.026 (-0.78)	-0.026 (-0.78)	-0.014 (-0.43)
Inde	0.832 (0.90)	0.829 (0.90)	0.768 (0.83)	-1.908 (-0.76)	-1.219 (-0.47)	-0.002 (-0.00)	4.358* (1.80)	4.351* (1.78)	4.202* (1.69)	0.001 (0.00)	0.015 (0.01)	-0.074 (-0.07)
First	0.005 (1.60)	0.005* (1.65)	0.005 (1.64)	0.005 (0.59)	0.009 (1.00)	0.003 (0.35)	0.022** (2.32)	0.023** (2.34)	0.015 (1.56)	0.003 (0.89)	0.003 (0.88)	0.004 (1.02)
Lev	-0.087 (-0.32)	-0.119 (-0.44)	-0.260 (-0.96)	-0.464 (-0.68)	-0.886 (-1.22)	-1.857** (-2.52)	1.489* (1.80)	1.265 (1.51)	1.387 (1.62)	-0.329 (-1.04)	-0.336 (-1.04)	-0.317 (-0.99)
Cons	-0.466 (-0.36)	-1.409 (-1.08)	-0.356 (-0.28)	4.006 (1.60)	-1.590 (-0.46)	-2.186 (-0.86)	-6.227* (-1.84)	-4.491 (-1.11)	-18.064 (-0.04)	-1.885 (-1.32)	-2.053 (-1.30)	0.881 (0.50)
年度	yes	yes	yes	yes	yes	yes	yes	yes	yes	yes	yes	yes
行业	yes	yes	yes	yes	yes	yes	yes	yes	yes	yes	yes	yes
观测值	2 745	2 745	2 708	436	436	433	483	483	478	1 826	1 826	1 797
调整后 R^2	0.105	0.108	0.111	0.105	0.157	0.136	0.144	0.151	0.160	0.107	0.107	0.107

注: ***、**、* 分别代表在1%、5%、10%的显著性水平上显著。

表5-8 高管降职与经济及非经济指标的回归结果

变量	全样本			公益类国企			商业1类国企			商业2类国企		
	(1)	(2)	(3)	(4)	(5)	(6)	(7)	(8)	(9)	(10)	(11)	(12)
Exstaff		-0.039 (-0.91)			-1.168*** (-4.44)			-0.630*** (-3.10)			0.198*** (3.72)	
Invest			-1.036*** (-2.74)			-2.122* (-1.76)			-2.08*** (-3.55)			0.394 (0.85)
Roe	-1.698*** (-4.10)	-1.738*** (-4.17)	-1.155*** (-3.15)	-2.768** (-2.33)	-3.049* (-1.96)	-1.831 (-1.61)	-4.094*** (-2.95)	-3.494** (-2.55)	-2.758** (-2.06)	-1.413*** (-2.88)	-1.145** (-2.28)	-1.293*** (-2.82)
Size	0.145* (1.86)	0.128 (1.59)	0.025 (0.32)	0.228 (1.18)	-0.056 (-0.26)	-0.415* (-1.86)	0.178 (0.72)	-0.106 (-0.38)	0.220 (0.82)	0.122 (1.26)	0.218** (2.17)	0.094 (0.96)
Age	-0.015 (-1.27)	-0.015 (-1.29)	-0.017 (-1.45)	-0.002 (-0.05)	0.003 (0.08)	-0.047 (-1.24)	-0.025 (-0.60)	-0.016 (-0.36)	0.009 (0.21)	-0.017 (-1.28)	-0.014 (-1.07)	-0.017 (-1.26)
Time	0.095*** (3.99)	0.096*** (4.01)	0.089*** (3.75)	0.166** (2.43)	0.205*** (2.68)	0.199** (2.49)	-0.142 (-1.55)	-0.159* (-1.70)	-0.120 (-1.29)	0.127*** (4.39)	0.123*** (4.24)	0.124*** (4.28)
Edca	0.062 (0.69)	0.062 (0.69)	0.113 (1.25)	0.275 (1.13)	0.085 (0.31)	0.265 (1.02)	-0.201 (-0.65)	-0.426 (-1.29)	0.064 (0.19)	0.025 (0.24)	0.015 (0.14)	0.038 (0.35)
Growth	0.502*** (4.07)	0.490*** (3.96)	0.361*** (2.77)	0.127 (0.42)	-0.078 (-0.21)	-1.708* (-1.96)	0.534 (1.51)	0.612* (1.68)	0.299 (0.46)	0.614*** (4.14)	0.708*** (4.59)	0.551*** (3.51)
Msh	-0.251* (-1.81)	-0.247* (-1.77)	-0.224 (-1.62)	0.358 (0.91)	0.591 (1.28)	-0.083 (-0.19)	0.258 (0.55)	0.425 (0.87)	0.299 (0.62)	-0.430*** (-2.60)	-0.440*** (-2.64)	-0.401** (-2.40)

续表

变量	全样本			公益类国企			商业 1 类国企			商业 2 类国企		
	(1)	(2)	(3)	(4)	(5)	(6)	(7)	(8)	(9)	(10)	(11)	(12)
Dual	0.050 (0.22)	0.052 (0.23)	0.063 (0.28)	0.960 (1.28)	1.237 (1.53)	0.006 (0.01)	0.299 (0.38)	0.423 (0.50)	1.108 (1.26)	0.029 (0.11)	0.009 (0.03)	-0.023 (-0.09)
Broad	-0.009 (-0.22)	-0.010 (-0.25)	-0.013 (-0.34)	0.200** (2.07)	0.127 (1.15)	0.179* (1.67)	-0.256* (-1.93)	-0.243* (-1.70)	-0.101 (-0.79)	-0.030 (-0.62)	-0.030 (-0.59)	-0.034 (-0.70)
Inde	-1.041 (-0.69)	-1.042 (-0.69)	-1.841 (-1.21)	-2.531 (-0.57)	-4.623 (-0.85)	-4.734 (-0.97)	-6.294 (-1.24)	-5.408 (-1.03)	-10.711* (-1.68)	-0.608 (-0.34)	-0.511 (-0.29)	-0.541 (-0.30)
First	0.012*** (2.67)	0.012*** (2.68)	0.010** (2.19)	0.016 (1.16)	-0.006 (-0.36)	0.005 (0.32)	0.010 (0.66)	0.021 (1.15)	0.007 (0.46)	0.016*** (2.94)	0.016*** (2.83)	0.018*** (3.28)
Lev	0.499 (1.32)	0.528 (1.39)	0.597 (1.59)	0.691 (0.65)	1.996 (1.53)	1.276 (1.10)	-2.154 (-1.53)	-1.689 (-1.09)	-1.278 (-0.81)	0.829* (1.85)	0.740 (1.64)	0.832* (1.83)
Constant	0.482 (0.26)	0.809 (0.43)	3.887** (2.05)	-2.844* (-1.77)	3.003 (0.52)	1.128** (2.07)	3.332 (0.54)	-1.840 (-1.16)	-0.374 (-0.06)	1.125 (0.51)	-0.649 (-0.29)	2.446 (1.06)
年度	yes	yes	yes	yes	yes	yes	yes	yes	yes	yes	yes	yes
行业	yes	yes	yes	yes	yes	yes	yes	yes	yes	yes	yes	yes
观测值	1 695	1 695	1 471	270	270	241	213	213	202	1 212	1 212	1 028
调整后 R^2	0.214	0.215	0.203	0.254	0.417	0.357	0.339	0.401	0.396	0.211	0.221	0.213

注：***、**、* 分别代表在 1%、5%、10% 的显著性水平上显著。

5.3.3　稳健性检验

本章进行了如下稳健性检验：

（1）替换财务业绩和非经济指标。本章用 Roa 及经过行业中位数调整的 Roe 代替 Roe，对高管晋升和高管降职与经济及非经济指标分别进行重新回归；用包含退休人员的超额冗员率代替 Exstaff，对高管晋升和高管降职与经济及非经济指标分别进行重新回归；用经过行业中位数调整的超额投资代替 Invest，对高管晋升和高管降职与经济及非经济指标分别进行重新回归。上述检验得出了与上面回归分析一致的结论，说明本章的研究结论比较稳健，出于篇幅的考虑，结果未报告。

（2）调整配对样本规模。仍然以高管不变为基础，将高管晋升和高管降职样本以 1∶1 比例进行配对，配对原则仍为相同年份、相同行业、资产规模在 0.8～1.2 之间的公司，对高管晋升和高管降职与经济及非经济指标分别进行重新回归；仍然以高管不变为基础，将高管晋升和高管降职样本以 1∶2 比例进行配对，配对原则调整为相同年份、相同行业、资产规模在 0.9～1.1 之间的公司，对高管晋升和高管降职与经济及非经济指标分别进行重新回归。上述检验得出了与上面回归分析一致的结论，说明本章的研究结论比较稳健，出于篇幅的考虑，结果未报告。

5.4　进一步研究

5.4.1　高管变更

表 5-9 是高管变更与经济及非经济指标的回归结果，高管变更样本 3 291 个，高管不变样本 5 607 个。第（1）～（3）列全样本回归结果显示，Exstaff、Roe 回归系数分别为 0.068 和 -0.821，且分别在 1% 水平上显著，说明国企高管变更与财务业绩显著负相关，与承担冗员显著正相关。Invest 回归系数不显著，说明过度投资与高管变更无显著相关关系。第（4）～（6）列

为公益类国企回归结果，Roe 回归系数为 − 1. 296，在 5% 水平上显著，说明在公益类国企中财务业绩与高管变更负相关，若企业财务业绩差则会导致高管变更，而 Exstaff、Invest 回归系数不显著，故冗员负担、过度投资与高管变更并无显著相关关系。通过上面公益类国企高管晋升与高管降职回归分析可知，Exstaff、Invest 与高管晋升正相关但与高管降职负相关，高管晋升与高管降职都属于高管变更，Exstaff、Invest 与高管晋升和高管降职的正负关系相互抵消，从而 Exstaff、Invest 与高管变更不相关。

第（10）~（12）列为商业 2 类国企回归结果，Roe 回归系数为 − 0. 605，在 1% 水平上显著，商业 2 类国企财务业绩也与高管变更负相关，若企业财务业绩差也会导致高管变更；Exstaff 回归系数为 0. 083，在 1% 水平上显著，说明商业 2 类国企承担冗员会导致高管变更，通过上面商业 2 类国企高管晋升和高管降职与经济及非经济指标回归结果分析可知，承担冗员不会导致高管晋升而是会导致高管降职。

从表 5 − 9 回归结果整体来看，公益类国企承担冗员和过度投资等非经济指标不会导致高管变更，而商业 2 类国企承担冗员会导致高管变更。但通过对高管晋升和高管降职的回归分析来看，公益类国企承担非经济指标会导致高管晋升或降职，只不过对两者的影响方向相反，从而相互抵消，导致与高管变更不相关。商业 2 类国企承担非经济指标与高管晋升不相关，但与高管降职正相关，因而最终得出与高管变更正相关。这也给了我们启示，研究高管变更不仅要研究高管变更总体，还要具体研究高管变更的原因和结构。另外，从总体来看，高管变更与财务业绩及承担非经济指标都显著相关，但公益类国企和商业 2 类国企展现出巨大差异，这也说明了研究不同类别国企的重要性和必要性。

表 5 - 9　高管变更与经济及非经济指标的回归结果

变量	全样本			公益类国企			商业 1 类国企			商业 2 类国企		
	(1)	(2)	(3)	(4)	(5)	(6)	(7)	(8)	(9)	(10)	(11)	(12)
Exstaff		0.068*** (3.19)			0.106 (1.54)			-0.031 (-0.50)			0.083*** (3.19)	
Invest			-0.019 (-0.11)			-0.016 (-0.04)			0.243 (0.48)			-0.033 (-0.14)
Roe	-0.821*** (-4.42)	-0.772*** (-4.14)	-0.778*** (-4.43)	-1.296** (-2.22)	-1.302** (-2.24)	-1.189** (-2.13)	-1.593*** (-2.63)	-1.613*** (-2.66)	-1.544*** (-2.61)	-0.605*** (-2.85)	-0.534** (-2.50)	-0.580*** (-2.90)
Size	0.080** (2.43)	0.105*** (3.11)	0.074** (2.20)	0.066 (0.88)	0.117 (1.47)	0.071 (0.93)	0.045 (0.48)	0.037 (0.40)	0.035 (0.37)	0.076* (1.84)	0.108** (2.53)	0.064 (1.53)
Age	0.002 (0.35)	0.002 (0.42)	0.003 (0.58)	0.007 (0.46)	0.004 (0.31)	0.009 (0.62)	0.021 (1.25)	0.021 (1.25)	0.020 (1.14)	-0.003 (-0.45)	-0.002 (-0.29)	-0.001 (-0.19)
Time	0.088*** (8.15)	0.089*** (8.16)	0.085*** (7.89)	0.109*** (3.71)	0.110*** (3.75)	0.109*** (3.73)	0.098*** (3.09)	0.097*** (3.06)	0.096*** (3.01)	0.086*** (6.77)	0.086*** (6.74)	0.083*** (6.51)
Edea	0.133*** (3.30)	0.137*** (3.39)	0.134*** (3.33)	0.168 (1.57)	0.173 (1.60)	0.161 (1.52)	0.175 (1.50)	0.169 (1.44)	0.167 (1.40)	0.125*** (2.62)	0.128*** (2.69)	0.127*** (2.68)
Growth	0.228*** (3.77)	0.249*** (4.07)	0.261*** (4.18)	0.194 (1.24)	0.228 (1.44)	0.269 (1.51)	0.261 (1.57)	0.257 (1.55)	0.248 (1.43)	0.246*** (3.38)	0.275*** (3.72)	0.271*** (3.68)
Msh	-0.241*** (-3.78)	-0.240*** (-3.76)	-0.219*** (-3.40)	0.010 (0.06)	0.016 (0.10)	0.020 (0.12)	0.042 (0.25)	0.037 (0.22)	0.096 (0.55)	-0.364*** (-4.67)	-0.365*** (-4.69)	-0.340*** (-4.35)

续表

变量	全样本			公益类国企			商业 1 类国企			商业 2 类国企		
	(1)	(2)	(3)	(4)	(5)	(6)	(7)	(8)	(9)	(10)	(11)	(12)
Dual	-0.104 (-1.06)	-0.101 (-1.03)	-0.111 (-1.12)	-0.031 (-0.11)	-0.017 (-0.06)	-0.114 (-0.39)	0.356 (1.13)	0.357 (1.13)	0.416 (1.30)	-0.169 (-1.50)	-0.166 (-1.47)	-0.179 (-1.58)
Broad	-0.046*** (-2.69)	-0.045*** (-2.63)	-0.042** (-2.43)	-0.048 (-1.23)	-0.044 (-1.12)	-0.038 (-0.97)	-0.099* (-2.25)	-0.098* (-2.24)	-0.104** (-2.30)	-0.037* (-1.72)	-0.037* (-1.69)	-0.033 (-1.52)
Inde	2.441*** (3.90)	2.464*** (3.93)	2.389*** (3.79)	-0.119 (-0.07)	0.020 (0.01)	-0.340 (-0.20)	3.221* (1.82)	3.282* (1.85)	3.903** (2.12)	2.692*** (3.63)	2.759*** (3.71)	2.551*** (3.43)
First	0.008*** (3.84)	0.008*** (3.90)	0.008*** (3.98)	0.014*** (2.62)	0.015*** (2.69)	0.014*** (2.59)	0.009 (1.37)	0.008 (1.36)	0.009 (1.43)	0.007*** (2.85)	0.007*** (2.88)	0.008*** (2.98)
Lev	0.295* (1.76)	0.253 (1.51)	0.272 (1.62)	-0.084 (-0.19)	-0.214 (-0.49)	-0.093 (-0.21)	0.904* (1.75)	0.923* (1.78)	0.975* (1.86)	0.292 (1.48)	0.254 (1.28)	0.248 (1.25)
Constant	-1.374* (-1.73)	-1.838** (-2.27)	0.644 (0.73)	-1.850 (-1.07)	-2.891 (-1.59)	-1.516 (-0.87)	-1.853 (-0.83)	-1.722 (-0.77)	-2.588 (-1.10)	-1.270 (-1.33)	-1.902* (-1.95)	1.841 (1.56)
年度	yes	yes	yes	yes	yes	yes	yes	yes	yes	yes	yes	yes
行业	yes	yes	yes	yes	yes	yes	yes	yes	yes	yes	yes	yes
观测值	8 898	8 898	5 590	1 433	1 433	878	1 557	1 557	786	5 908	5 908	3 926
调整后 R²	0.075	0.077	0.08	0.082	0.085	0.088	0.117	0.117	0.122	0.07	0.072	0.076

注：***、**、*分别代表在 1%、5%、10% 的显著性水平上显著。

5.4.2　董事长和总经理晋升

表 5 – 10 是总经理和董事长晋升与经济及非经济指标的回归结果。从第（1）~（3）列全样本回归结果可知，无论是 Panel A 董事长样本还是 Panel B 总经理样本，Exstaff、Invest 与高管晋升都显著正相关，但董事长晋升与财务业绩不相关，总经理晋升与财务业绩正相关（回归系数 0.865，在 10% 水平显著），这说明尽管都是公司高管，董事长和总经理晋升路径存在差别，总经理晋升也非常注重财务业绩。这与国企高管构成特点相关，一般母公司高管可能同时兼任几家上市公司董事长但一般很少同时兼任几家上市公司总经理，很大一部分总经理是通过上市公司内部晋升或是外部选聘，并未在母公司任职，财务业绩是其薪酬高低或晋升与否的重要考核指标，因此总经理职能更多体现"经济人"特点。

第（4）~（6）列为公益类国企回归结果，从中可以看出，无论是董事长晋升样本还是总经理晋升样本，晋升与承担非经济指标正相关，与财务业绩不相关，即在公益类国企中，无论是董事长还是总经理，其晋升与否考核指标主要是参照承担非经济目标情况，这进一步说明了公益类国企高管晋升的激励目标是承担非经济目标。第（10）~（12）是商业 2 类国企回归结果，从 Panel A 可以看出，董事长晋升与承担冗员 Exstaff 正相关（回归系数 0.121，在 10% 水平显著），与财务业绩 Roe 不相关。从 Panel B 可以看出总经理晋升与承担冗员 Exstaff、过度投资 Invest 等非经济目标不相关，与财务业绩 Roe 正相关（回归系数 0.978，在 10% 水平显著）。这说明在商业 2 类国企中，董事长和总经理晋升途径有差别，董事长晋升考核指标主要是承担非经济目标，而总经理晋升考核指标主要是财务业绩。

表 5 - 10　总经理和董事长晋升与经济及非经济指标回归结果

Panel A: 董事长

变量	全样本				公益类国企		商业 1 类国企			商业 2 类国企		
	(1)	(2)	(3)	(4)	(5)	(6)	(7)	(8)	(9)	(10)	(11)	(12)
Exstaff		0.204*** (3.61)			0.622*** (3.44)			0.278 (1.59)			0.121* (1.73)	
Invest			1.147** (2.44)			2.650** (2.28)			3.255** (2.34)			0.160 (0.24)
Roe	0.150 (0.26)	0.328 (0.56)	0.057 (0.10)	-0.224 (-0.14)	-0.288 (-0.17)	0.801 (0.50)	-2.511 (-1.36)	-2.223 (-1.17)	-2.470 (-1.27)	0.775 (1.05)	0.884 (1.19)	0.695 (0.96)
Size	0.125* (1.69)	0.183** (2.40)	0.149* (1.96)	0.068 (0.41)	0.286 (1.57)	0.263 (1.38)	0.212 (0.92)	0.283 (1.19)	0.127 (0.52)	0.123 (1.25)	0.160 (1.59)	0.100 (1.00)
Age	-0.026** (-2.00)	-0.026* (-1.94)	-0.019 (-1.42)	-0.033 (-0.95)	-0.029 (-0.81)	-0.000 (-0.01)	-0.033 (-0.82)	-0.054 (-1.25)	-0.053 (-1.25)	-0.032* (-1.99)	-0.031* (-1.89)	-0.029* (-1.75)
Time	0.064** (2.50)	0.066** (2.56)	0.062** (2.40)	-0.031 (-0.43)	-0.008 (-0.11)	-0.013 (-0.17)	0.160** (2.00)	0.170** (2.13)	0.173** (2.12)	0.071** (2.28)	0.071** (2.28)	0.068** (2.18)
Edca	-0.013 (-0.13)	-0.017 (-0.18)	-0.009 (-0.09)	-0.160 (-0.65)	-0.228 (-0.89)	-0.235 (-0.87)	0.203 (0.66)	0.089 (0.28)	0.062 (0.19)	-0.019 (-0.17)	-0.017 (-0.15)	0.007 (0.06)
Growth	0.126 (0.80)	0.206 (1.29)	0.129 (0.76)	0.065 (0.14)	0.159 (0.33)	0.472 (0.73)	0.130 (0.32)	0.251 (0.61)	0.128 (0.28)	0.148 (0.77)	0.194 (0.99)	0.146 (0.72)
Msh	-0.135 (-0.90)	-0.139 (-0.93)	-0.146 (-0.95)	0.640* (1.68)	0.705* (1.75)	0.763* (1.79)	-0.592 (-1.52)	-0.549 (-1.40)	-0.475 (-1.13)	-0.225 (-1.16)	-0.233 (-1.21)	-0.237 (-1.22)

续表

Panel A: 董事长

变量	全样本			公益类国企			商业 1 类国企			商业 2 类国企		
	(1)	(2)	(3)	(4)	(5)	(6)	(7)	(8)	(9)	(10)	(11)	(12)
Dual	2.276*** (4.38)	2.272*** (4.37)	2.438*** (4.64)	2.032*** (2.98)	2.231** (2.14)	2.154*** (3.26)	2.223*** (3.64)	2.117*** (2.74)	2.019*** (3.62)	2.116*** (3.86)	2.108*** (3.85)	2.132*** (3.89)
Broad	-0.067* (-1.69)	-0.067* (-1.68)	-0.035 (-0.87)	-0.093 (-1.06)	-0.032 (-0.34)	0.042 (0.44)	-0.063 (-0.61)	-0.059 (-0.57)	-0.118 (-1.08)	-0.026 (-0.49)	-0.031 (-0.58)	-0.012 (-0.22)
Inde	-0.743 (-0.49)	-0.899 (-0.59)	-0.553 (-0.36)	0.127 (0.03)	2.324 (0.54)	4.432 (0.95)	4.358 (0.95)	3.716 (0.80)	4.102 (0.86)	-1.488 (-0.78)	-1.577 (-0.83)	-1.521 (-0.80)
First	0.007 (1.43)	0.008 (1.54)	0.007 (1.48)	0.005 (0.40)	0.015 (1.06)	0.009 (0.59)	0.003 (0.16)	0.006 (0.35)	0.000 (0.00)	0.010 (1.62)	0.010 (1.59)	0.009 (1.46)
Lev	0.145 (0.36)	0.029 (0.07)	-0.104 (-0.25)	0.242 (0.24)	-0.224 (-0.20)	-1.488 (-1.28)	1.033 (0.78)	1.026 (0.77)	1.093 (0.76)	-0.289 (-0.57)	-0.320 (-0.64)	-0.315 (-0.62)
Constant	0.418 (0.23)	-0.591 (-0.32)	0.761 (0.37)	0.122 (0.03)	-5.794 (-1.33)	-6.794 (-1.64)	-5.279 (-1.02)	-5.284 (-0.99)	-2.046 (-0.37)	0.836 (0.35)	0.147 (0.06)	2.294 (0.88)
年度	yes	yes	yes	yes	yes	yes	yes	yes	yes	yes	yes	yes
行业	yes	yes	yes	yes	yes	yes	yes	yes	yes	yes	yes	yes
观测值	1 241	1 241	1 217	203	203	196	178	178	168	852	852	841
调整后 R²	0.123	0.131	0.134	0.141	0.189	0.229	0.151	0.161	0.183	0.131	0.134	0.133

续表

Panel B：总经理

变量	全样本				公益类国企		商业1类国企			商业2类国企		
	(1)	(2)	(3)	(4)	(5)	(6)	(7)	(8)	(9)	(10)	(11)	(12)
Exstaff		0.081* (1.67)			0.560*** (3.48)			-0.016 (-0.09)			-0.002 (-0.04)	
Invest			1.197*** (2.59)			1.975** (-2.24)			3.164* (1.94)			0.725 (1.09)
Roe	0.865* (1.87)	0.784* (1.68)	1.042** (2.27)	0.086 (0.07)	-0.086 (-0.06)	0.326 (-0.26)	-2.120 (-1.35)	-2.128 (-1.36)	-1.985 (-1.34)	0.978* (1.76)	0.982* (1.74)	1.065* (1.93)
Size	0.200*** (2.77)	0.224*** (3.04)	0.274*** (3.70)	-0.199 (-1.12)	0.031 (0.16)	0.184 (-1.04)	0.017 (0.08)	0.015 (0.07)	0.144 (0.63)	0.375*** (3.94)	0.375*** (3.88)	0.369*** (3.81)
Age	-0.025* (-1.96)	-0.024* (-1.88)	-0.026** (-2.06)	-0.015 (-0.41)	-0.011 (-0.28)	0.002 (-0.05)	0.001 (0.02)	0.001 (0.02)	-0.015 (-0.32)	-0.035** (-2.38)	-0.035** (-2.38)	-0.036** (-2.42)
Time	0.175*** (7.35)	0.177*** (7.38)	0.176*** (7.32)	0.171*** (2.67)	0.168** (2.54)	0.160** (-2.53)	0.183** (2.36)	0.183** (2.35)	0.183** (2.31)	0.185*** (6.41)	0.185*** (6.40)	0.186*** (6.41)
Edca	0.035 (0.41)	0.038 (0.45)	0.021 (0.24)	0.213 (0.88)	0.271 (1.09)	0.086 (-0.36)	-0.122 (-0.42)	-0.126 (-0.43)	-0.316 (-1.05)	0.058 (0.57)	0.058 (0.57)	0.069 (0.68)
Growth	-0.134 (-0.80)	-0.102 (-0.61)	-0.164 (-0.93)	-0.385 (-0.93)	-0.248 (-0.59)	-0.308 (-0.72)	-0.375 (-0.63)	-0.385 (-0.63)	0.025 (0.04)	-0.100 (-0.48)	-0.101 (-0.49)	-0.183 (-0.84)
Msh	-0.012 (-0.09)	-0.002 (-0.02)	-0.089 (-0.65)	0.150 (0.43)	0.253 (0.69)	-0.426 (-1.22)	0.589 (1.42)	0.587 (1.41)	0.620 (1.43)	-0.255 (-1.51)	-0.256 (-1.51)	-0.231 (-1.35)

续表

Panel B：总经理

变量	全样本			公益类国企			商业 1 类国企			商业 2 类国企		
	(1)	(2)	(3)	(4)	(5)	(6)	(7)	(8)	(9)	(10)	(11)	(12)
Dual	-1.180*** (-5.60)	-1.174*** (-5.56)	-1.231*** (-5.75)	-0.714 (-1.27)	-0.602 (-1.05)	-0.934 (-1.64)	-1.558** (-2.02)	-1.564** (-2.02)	-1.634** (-2.00)	-1.270*** (-5.06)	-1.270*** (-5.06)	-1.292*** (-5.04)
Broad	-0.050 (-1.43)	-0.049 (-1.40)	-0.049 (-1.36)	-0.172* (-1.96)	-0.201** (-2.14)	-0.228** (-2.50)	0.035 (0.37)	0.035 (0.37)	0.015 (0.15)	-0.045 (-0.98)	-0.045 (-0.98)	-0.031 (-0.66)
Inde	2.375* (1.89)	2.422* (1.92)	1.931 (1.52)	-2.570 (-0.70)	-2.881 (-0.77)	-0.619 (-0.17)	9.980*** (2.74)	9.960*** (2.73)	8.479** (2.28)	0.798 (0.51)	0.796 (0.51)	0.774 (0.49)
First	0.002 (0.52)	0.002 (0.50)	0.002 (0.37)	-0.000 (-0.02)	0.001 (0.11)	-0.004 (-0.35)	0.034** (2.30)	0.034** (2.31)	0.024 (1.58)	-0.002 (-0.45)	-0.002 (-0.45)	-0.002 (-0.34)
Lev	-0.208 (-0.55)	-0.222 (-0.59)	-0.370 (-0.97)	-1.207 (-1.13)	-1.587 (-1.42)	-2.576** (-2.28)	1.462 (1.16)	1.480 (1.16)	1.063 (0.81)	-0.385 (-0.86)	-0.385 (-0.86)	-0.304 (-0.67)
Constant	-2.636* (-1.66)	-3.126* (-1.94)	-2.041 (-1.16)	9.046** (2.25)	4.340 (1.01)	0.936 (0.25)	-7.155 (-1.41)	-7.042 (-1.35)	-19.851 (-0.03)	-5.125** (-2.62)	-5.110** (-2.57)	9.851 (0.02)
年度	yes	yes	yes	yes	yes	yes	yes	yes	yes	yes	yes	yes
行业	yes	yes	yes	yes	yes	yes	yes	yes	yes	yes	yes	yes
观测值	1 487	1 487	1 469	226	226	230	203	203	199	1 057	1 057	1 039
调整后 R²	0.139	0.140	0.148	0.158	0.209	0.160	0.245	0.245	0.275	0.150	0.150	0.155

注：***、**、* 分别代表在1%、5%、10%的显著性水平上显著。

5.5　研究结论和研究意义

本章通过手工收集的 2003~2017 年 A 股非金融国有企业高管（总经理和董事长）晋升和降职数据，基于国企分类的视角，采用配对样本的方法，以高管不变为基准，研究了财务业绩和承担非经济目标对高管晋升和降职的影响。经研究发现，首先，总体来看财务业绩和承担非经济目标与高管晋升正相关，但公益类国企高管晋升只与承担非经济目标正相关，商业类国企高管晋升只与财务业绩正相关。其次，财务业绩和高管降职负相关，各类国企没有差别。公益类国企高管降职与承担非经济目标负相关，商业类国企与承担非经济目标不相关。本章研究表明公益类国企高管晋升的激励目标是实现非经济目标，而商业类国企高管晋升的激励目标是实现企业价值最大化，两类国企经营目标各有侧重。此外本章还发现，公益类国企和商业类国企高管变更与财务业绩负相关，即财务业绩糟糕会导致高管变更；在公益类国企中，高管变更与承担非经济目标不相关，这是因为高管晋升、高管降职与承担非经济目标相反相关关系相互抵消，并不是承担非经济目标不会导致高管变更，而是会导致高管不同性质不同方向的变更。这也间接证明了研究高管变更内容的必要性。同时本章还分别检验了不同类别国企董事长和总经理晋升的不同路径，公益类国企董事长和总经理晋升与承担非经济目标正相关，与财务业绩不相关，而商业类国企董事长晋升与承担非经济目标正相关，总经理晋升与财务业绩正相关。

本章的研究意义在于：（1）为国企分类改革提供了经验证据。《决定》和《指导意见》提出国有企业分类改革的出发点就是对国企功能的科学定位，通过界定功能、划分类别，实行分类改革、分类发展、分类监管、分类定责、分类考核。不同类别国企经营目标不同，从而不同类别国企高管的激励机制不同。本章实证检验了不同类别国企高管晋升和降职与经济及非经济指标的关系，研究结果表明，公益类国企高管晋升与承担非经济目标正相关，高管降职与财务业绩负相关；商业类国企高管晋升与财务业绩正相关，高管降职与财务业绩负相关。这证明了不同类别国企的经营目标不同，从而导致激励目标不同，为完成激励目标所采用的激励手段不同，高管晋升和降职的考核指标也不同，体现了国企分类改革、分类发展、分类考核的理念，佐证了国企分类改革政策的必要性和合理性。（2）丰富了与高管晋升相关的文献，为高管晋升研究提供了新的视角。以往对高管晋升的研究无论是从高管晋升的影响因素、执行效果还是经济后果方面进行研究，都把国企作为一个整体。有些研究尽管考虑了产权性质、地域、治理结构的差异，但从未考虑国企内部经营目标的差异性，设计激励机制的目的是使高管与股东利益一致，完成企业的经营目标。经营目标的差异性决定了激励目标的差异性，从而影响晋升考核指标的差异性。本章基于国企经营目标异质性，结合国企分类政策研究了不同类别国企高管晋升的影响因素，为高管晋升研究提供了新的研究视角。（3）为国企激励机制的完善及激励契约的设计提供了参考。国企采用哪些激励措施及每种激励措施的考核指标是激励契约的重要内容。通过本章的研究可知，公益类国企承担更多的非经济目标，为保证非经济目标的实现必须采用高管晋升的激励措施，且高管晋升的考核指标更多考虑非经济目标；而商业类国企经营目标主要是企业价值最大化，与业绩挂钩的货币薪酬和高管晋升都是有效的激励措施，无论是高管晋升还是货币薪酬，其考核指标都是财务业绩。本章的研究结论为不同类别国企激励机制的完善及激励契约的设计提供了参考。

第6章 高管激励和盈余管理

现代企业所有权和经营权相分离引发了代理问题，最优契约理论认为管理层激励可以降低代理成本，缓解代理矛盾，使管理层的利益与企业业绩相结合，使股东和管理者利益趋于一致。长期以来，设计良好的高管激励契约被认为是实现经理人目标和股东目标兼容的主要机制之一（Jensen and Meckling, 1976; Jensen and Murphy, 1990），可以激励管理层努力经营，提升企业业绩。但瓦茨和齐默尔曼（Watts and Zimmerman, 1978）指出，绩效型薪酬契约很可能诱导高管实施机会主义盈余管理，操纵会计业绩来获取最优私人利益，进而降低绩效型薪酬契约抑制代理问题的有效性。管理层激励究竟是会降低代理成本提升企业业绩还是会引发盈余管理呢？

关于管理层激励与盈余管理关系，国内外都进行了大量的研究，并基本得出了一致的结论，即：管理层激励与盈余管理正相关，管理层激励并未发挥治理作用降低代理成本，而是成为诱发高管操纵盈余提升自身利益的动因。希利（Healy, 1985）、哈格曼（Hagerman, 1979）的研究表明，业绩型薪酬使公司经理具有盈余管理动机，会不同程度地对会计盈余进行操纵。伯格斯特雷瑟和菲利普（Bergstresser and Philippon, 2006）则发现股票期权激励会引发盈余操纵。李延喜等（2007）的研究表明，管理层薪酬水平与调高的操控性应计利润高度正相关，表明薪酬激励构成了中国上市公司盈余管理的一个基本诱因。何威风等（2013）的研究表明，我国上市公司晋升激励会引发管理者盈余管理行为。

已有研究管理层激励与盈余管理关系的文献，存在着以下问题：

第一，已有研究假设前提为高管激励的唯一目标是提升企业财务业绩，各种激励措施都与财务业绩挂钩。高管之所以要操纵盈余进行盈余管理，是因为其个人利益如股票期权、货币薪酬、晋升激励都与企业财务业绩挂钩，这符合国外的制度背景和微观环境。但我国经济环境、制度背景、企业特性不同于国外，我国的国有企业不仅以盈利为目标，还肩负着经济增长、解决就业、社会稳定等非经济目标，国有企业薪酬业绩敏感性较以盈利为唯一目的的民营企业差。此外，2013 年 11 月 12 日党的十八届三中全会《中共中央关于全面深化改革若干重大问题的决定》（以下简称《决定》）及 2015 年中共中央《关于深化国有企业改革的指导意见》（以下简称《指导意见》）根据国有资本的功能定位和发展目标将国有企业进行了分类，不同类别国企经营目标各有侧重，不仅仅以盈利作为企业的唯一目标，因此不同类别国企各种激励措施也不完全与财务业绩挂钩，其盈余管理状况存在差别。

第二，已有研究高管激励与盈余管理关系的文献大多是基于应计盈余管理，并未考虑真实盈余管理。实际上，盈余管理主要有两种方式：一是通过会计手段（会计估计或会计政策变更）来操纵盈余，如减少坏账准备的计提或变更资产折旧方法等，由于这一操作会体现在应计项目变动上，因此也被称为应计盈余管理，它一般只改变各期盈余的分配，不会影响企业盈余总额，也不会影响现金流量；二是通过安排真实经济交易来操纵盈余，如出售资产、缩小投资、削减研发支出、加速生产、折扣销售等，因此被称为真实盈余管理，它不仅改变各期盈余分配，也影响整体盈余水平与现金流量（袁知柱、郝文瀚、王泽燊，2014）。两种盈余管理操作手段、作用机理及对企业的影响均不同，因此对管理层激励与盈余管理关系的研究应同时考虑应计盈余管理与真实盈余管理。

本章运用 2003～2017 年 A 股非金融国有企业的数据，同时以应计盈余管理与真实盈余管理为研究对象，基于国企分类的视角，全面考察了管理层激励对盈余管理行为的影响。研究结果表明，在公益类国企，货币薪酬和晋升激励不会引发高管应计盈余管理行为；在商业类国企，货币薪酬和晋升激励会引发高管应计盈余管理行为。两者的差异主要是公益类国企货币薪酬业绩敏感性较商业类国企差，且公益类国企高管晋升与财务业绩不相关。同时，研究结果还显示，在公益类国企，货币薪酬对真实盈余管理行为不存在抑制效应，而在商业类国企，货币薪酬可以抑制真实盈余管理行为；无论是公益类国企还是商业类国企，晋升激励都会引发真实盈余管理行为，但公益类国企晋升引发真实盈余管理程度更高。本章的研究结论为国企分类改革成效提供了实证证据，且为不同类别国企激励机制设计及激励效果提供参照。

6.1 理论分析和假设提出

6.1.1 理论分析

国内外对高管激励与盈余管理关系的研究，考虑了不同高管激励方式、两者之间调节因素及盈余管理的类型。高管的激励方式主要有显性激励和隐性激励两种，显性激励主要以货币薪酬、股票期权为代表，隐性激励主要以高管晋升为代表。希利（Healy，1985）、哈格曼（Hagerman，1979）的研究表明业绩型薪酬使公司经理具有盈余管理动机，会不同程度地对会计盈余进行操纵。何威风等（2013）的研究表明我国上市公司晋升激励会引发管理者盈余管理行为。伯格斯特雷瑟和菲利普（Bergstresser and Philippon，2006）则发现股票期权激励会引发盈余操纵。杨志强、王华（2014）的研究表明内部薪酬差距会诱发盈余管理，内部薪酬差距越大，盈余管理程度越高。上述研究都是从某一种高管激励方式出发研究其对盈余管理的影响，鲜少有考察不同激励方式共同作用对盈余管理影响的研究。

已有研究还从公司治理、产权性质、市场化程度等角度研究了高管激励与盈余管理关系的调节因素。李延喜等（2007）的研究表明董事会规模与调高的操纵性应计利润显著负相关，规模较大的董事会能够降低盈余管理的程度，对高管薪酬与盈余管理之间正相关关系具有抑制作用。李文洲等（2014）的研究表明，大股东掏空导致经理薪酬与盈余管理之间的敏感性上升。已有研究考虑了公司治理、产权性质、市场化程度差异会影响高管激励与盈余管理两者之间的关系，但仍然没有再进一步考虑企业之间的微观差异，企业之间除了产权性质不同以外，在我国居于主体地位的国有企业本身规模、股权结构、治理结构、涉足领域、所在地域、经济地位仍存在巨大差异，不同国企高管激励与盈余管理之间关系可能也存在差异。

已有对高管激励与盈余管理关系的研究，主要以应计盈余管理为对象，有些研究借鉴了国外的成果，考虑了盈余管理的类型。张娟、黄世忠（2014）借鉴希利（Healy，1985）在经典文献综述中的成果，将盈余管理分为机会主义盈余管理和信息驱动型盈余管理，并研究了高管货币薪酬和股权激励对机会主义盈余管理行为的影响。结果表明，高管货币薪酬激励能显著抑制其机会主义盈余管理行为，股权激励反而导致高管的机会主义盈余管理行为增加。袁知柱、郝文瀚、王泽燊（2014）借鉴希利（Healy，1985）等的成果，以应计盈余管理和真实盈余管理为研究对象，考察了高管货币薪酬及持股比例与应计盈余管理及真实盈余管理的关系。研究结果表明，管理层持股比例与货币薪酬总额均与应计盈余管理显著正相关，与真实盈余管理显著负相关。虽然已有一些研究考虑了不同类型的盈余管理，但有关这方面研究的数量、深度、角度都不够宽泛，为我们的研究提供了契机和新的方向。

首先，本章考察了两种高管激励方式对盈余管理的影响，既包括显性激励方式货币薪酬，又包括隐性激励方式高管晋升，并考察货币薪酬和高管晋升交互作用对盈余管理的影响，补充了已有文献只孤立研究单一高管薪酬激励对盈余管理的影响的空白。其次，本章基于国企分类的视角，考察了不同类别国企高管激励与盈余管理之间关系的差别。公益类国企经营目标不仅是企业价值最大化，还要承担非经济目标，因此其货币薪酬业绩敏感性较商业类企业差，且高管晋升考核指标不仅仅是财务业绩，因此公益类国企激励机制作用机理不同于商业类国企，高管激励与盈余管理的关系也存在差异。最后，本章以应计盈余管理和真实盈余管理作为研究对象考察高管激励与盈余管理的关系。无论哪类盈余管理都会降低会计信息质量，不利于股东利益最大化和资本市场持续发展，但两者对企业盈余的影响时间、程度、监管风险不同，应计盈余管理通过操纵应计项目影响盈余在各会计期间的分配，是一种短期行为，对企业影响较小，但被监管部门发现并处罚风险较大；而真实盈余管理通过真实的交易操纵盈余，实务中很难辨别，但实施难度较大，成本较高，长期来看会影响企业业绩，被监管部门发现并处罚风险较小。应计盈余管理和真实盈余管理的特点也决定了不同类别、不同高管激励措施与不同类型盈余管理关系存在差别。

6.1.2 假设提出

瓦茨和齐默尔曼（Watts and Zimmerman，1978）指出薪酬契约是诱发盈余管理的三大动机之一，之所以得出这样的结论，其隐含的假设前提为高管激励的唯一目标是提升企业财务业绩，各种激励措施都与财务业绩挂钩。但我国经济环境、制度背景、企业特性不同于国外，我国的国有企业除了要实现企业价值最大化的经济目标外，还承担着经济增长、解决就业、社会稳定等非经济目标。薪酬业绩敏感性强的前提是企业经营目标为价值最大化，如果企业经营目标并非或者并不完全如此，那么高管的考核可能就不会也不应该完全基于公司业绩，即企业经营目标构成了高管激励契约的基础（Gibbons，1998）。

根据相关文件的指导精神，公益类国有企业以保障民生、服务社会、提供公共产品和服务为主要目标，商业类国有企业按照市场化要求实行商业化运作，以增强国有经济活力、放大国有资本功能、实现国有资产保值增值为主要目标，两类国企的市场功能定位、经营目标不同，公益类国企承担更多的非经济目标。公益类国企经营目标的多元化，导致高管薪酬激励的目标也不仅是提升业绩，还包括完成多重非经济目标，如服从国民经济发展战略规划、宏观调控、就业和维护社会稳定等，因此薪酬业绩敏感性不高也就顺理成章。企业多重经营目标之间可能会发生冲突。高管把更多的时间和精力及企业资源用于完成非经济目标，使资源流向非效率领域，很可能对公司业绩产生负面影响，割裂了高管努力程度与企业业绩之间的相关关系，不利于业绩薪酬契约的实施。商业类国企薪酬业绩敏感性较强，因此以业绩型货币薪酬为诱因的应计盈余管理行为也较强，故而本章提出如下假设：

假设 6 - 1：和公益类国企相比，商业类国企高管货币薪酬会导致应计盈余管理行为。

在中国的经济环境和制度环境下，晋升激励对国有企业尤为重要。虽然中国市场经济体制与现代公司治理结构已逐渐确立，但国有企业仍面临着行政型治理和经济型治理并存的双重治理环境（林毅夫，2004），在政府的行政干预下，国有企业承担起诸如就业、社会稳定等社会性目标，企业价值最大化目标被弱化，这进一步模糊了薪酬和业绩的关系，为了能够有效控制国有公司并使其实现非经济目标，掌握高管人事任免权的政府更多采用晋升激励的方式。

高管晋升激励与薪酬激励是两种十分重要的激励方式，两者相互替代（徐细雄，2012）。政府于2003年颁布的《中央企业负责人经营业绩考核办法》经过多次修订，对高管货币薪酬的确定、高管年度考核和任期考核的财务指标规定得十分清晰，货币薪酬具有了业绩型薪酬的特点（辛清泉，2007）。但业绩究竟如何对晋升产生影响，仅有业绩评价结果是高管"职务任免重要依据"这样含义模糊的表述（丁肇启、萧鸣政，2018），财务业绩在高管晋升中地位和作用尚未厘清。晋升激励这种激励方式从采用之初起，其初衷并不仅是提升企业业绩，而且是要激励高管完成非经济目标。但国有企业尽管都有国有资本控股或参股，但其规模、股权结构、治理结构、涉足领域、所在地域、经济地位存在巨大差异。尽管国企承担社会目标等非经济目标，但并不是每一个国企都承担所有的非经济目标，并不是每一个国企以相同的比重承担各个非经济目标，尽管都是国企，其承担非经济目标的情形也存在差异。

很显然公益类国企更偏重非经济目标，而商业类国企更偏重经济目标，两者经营目标的差异，决定了晋升激励的激励目标差异，从而决定了高管晋升考核指标的差异。公益类国企要完成诸如承担冗员、提供公共产品等非经济目标，完成这些非经济目标可能会影响企业财务业绩，与业绩挂钩的货币薪酬激励效果不佳，需要采用晋升激励，且晋升激励的考核指标不应为财务业绩。商业类国企承担较少非经济指标，其决定高管货币薪酬和晋升的指标主要是财务业绩指标。即商业类国企高管晋升业绩敏感性强，公益类国企高管晋升业绩敏感性差，所以以业绩型薪酬契约为诱因的应计盈余管理行为也存在差别。因此本章提出如下假设：

假设6-2：和公益类国企相比，商业类国企高管晋升会导致应计盈余管理行为。

应计盈余管理和真实盈余管理的操作成本、诉讼风险不同。应计盈余管理只需要运用会计手段操纵就能达到目的，不需要构建真实的交易，操作比较容易，成本较低；而真实盈余管理需要构建真实的交易，如出售资产、缩小投资、削减研发支出、加速生产、折扣销售等，会涉及企业的经营活动、投资活动、筹资活动方方面面，操作比较复杂，成本较高。另外，理论上来说应计盈余管理被外部审计部门和监管机构发现并惩处的风险较高，因为应计盈余管理属于会计操纵，有经验的注册会计师很容易察觉，而真实盈余管理很难和企业日常生产经营活动进行区分，具有隐蔽性，很难被发现并惩处，因此风险较低。但真实的情况是我国的资本市场及监管体系并不健全，投资者保护程度很弱，对企业盈余管理监管并处罚的水平很低，因此高管更倾向于进行成本低、风险不高的应计盈余管理操纵，而不采用成本高、风险不低的真实盈余管理操纵。

应计盈余管理通过会计手段操纵盈余，影响盈余在各期间的分配，却不会影响现金流量盈余总额。通过应计盈余管理会使业绩在短期内出现反转但不会在长期内导致业绩下降。因为经会计手段操纵的盈余在以后期间会出现反转，高管通过盈余管理可以平滑盈余，在业绩好时调低盈余，在业绩差时调高盈余，使薪酬保持在平均较高水平，防止因业绩下降而降低薪酬。而真实盈余管理利用真实的交易进行盈余操纵，在长期内会导致业绩真正下滑，长期的业绩下滑不会在未来期间反转，因此长期的业绩下滑会损害高管利益。高管为了保持现有的高薪酬一定会尽量避免将来的业绩下滑，从而抑制损害企业长期业绩的真实盈余管理行为。马永强、张泽南（2013）的研究发现，高管薪酬与企业真实盈余管理行为显著负相关。袁知柱、郝文瀚、王泽燊（2014）的研究表明，持股比例及货币薪酬与真实盈余管理行为显著负相关。

公益类国企薪酬业绩敏感性较商业类国企差，真实盈余管理尽管降低了企业未来业绩，但对高管利益的损害程度较弱，公益类国企高管抑制真实盈余管理的动机不强，再加上实施真实盈余管理行为成本高、风险也不低，因此本章提出如下假设：

假设6-3：和公益类国企相比，商业类国企高管货币薪酬会抑制真实盈余管理行为。

晋升激励这种激励方式从采用之初起，其初衷并不仅是提升企业业绩，而是要激励高管完成非经济目标。因此完成非经济目标的程度成了高管晋升与否十分重要的考核指标，甚至其重要性可能超过财务业绩指标。相关文件中对于业绩究竟如何对晋升产生影响，仅有业绩评价结果是高管"职务任免重要依据"这样含义模糊的表述（丁肇启、萧鸣政，2018），财务业绩在高管晋升中地位和作用尚未厘清。高管为了实现非经济目标很可能实施真实盈余管理行为，真实盈余管理行为尽管会降低企业长期业绩，但可能会促使企业实现诸如充分就业、社会稳定、经济增长等非经济目标。而且国有企业目标多元化及为了实现非经济目标而可能影响财务业绩已经被政府和社会广泛接受和认可，李和梁（Li and Liang，1998）发现冗余的非生产性工人是导致国有企业亏损的一个主要原因，薛云奎、白云霞（2005）发现冗余雇员对国有企业的绩效产生了显著的负面效应。因此，高管很可能为了获得晋升而实施能完成企业非经济目标但影响企业财务业绩的真实盈余管理行为。

公益类国企的功能定位决定其承担更多的非经济目标，高管为获得晋升激励，会进行更多的真实盈余管理行为。商业类国企主要处于竞争类行业，市场化程度高，侧重于实现企业价值最大化的经济目标，晋升激励的考核指标不仅是完成非经济目标的程度，也包括财务业绩，所以其会谨慎选择运用影响企业长期业绩的真实盈余管理行为。因此本章提出如下假设：

假设6-4：和商业类国企相比，公益类国企高管晋升会导致更高程度的真实盈余管理行为。

6.2　研究设计

6.2.1　模型构建

为了检验应计及真实盈余管理与高管激励的相关性，本章构建了如下模型：

$$AEM_t/REM_t = \beta_0 + \beta_1 Com_t/Prom_t + \beta Control + \sum YEAR + \sum IND + \varepsilon_i$$

$$(6.1)$$

6.2.2 变量定义

6.2.2.1 被解释变量

（1）应计盈余管理。本章用修正琼斯（Dechow et al. , 1995）截面模型来度量应计盈余管理，并用基本琼斯模型（Jones，1991）进行稳健性检验。用修正琼斯截面模型计算应计盈余管理要先计算出非操控性应计项目，用实际应计项目减去非操控性应计项目即为操控性应计项目，即应计盈余管理。

$$TA_t/A_{t-1} = \alpha_1(1/A_{t-1}) + \alpha_2(\Delta REV_t - \Delta REC_t)/A_{t-1} + (PPE_t/A_{t-1}) + \varepsilon_i$$

$$(6.2)$$

模型中 TA_t 代表 t 期经营性应计项目总额，为 t 期经营利润与经营活动产生的现金流量净值的差额；A_{t-1} 代表 t-1 期期末资产总额；ΔREV_t 代表 t 期与 t-1 期营业收入总额的差额；ΔREC_t 代表 t 期与 t-1 期应收账款净额的差额；PPE_t 代表 t 期期末固定资产原值。对模型（6.2）进行回归，将得到的回归系数代入模型（6.3），计算非操控性应计项目。

$$NDA_t = \alpha_0 + \alpha_1(1/A_{t-1}) + \alpha_2(\Delta REV_t - \Delta REC_t)/A_{t-1} + (PPE_t/A_{t-1}) + \varepsilon_i$$

$$(6.3)$$

$$DA_t = TA_t/A_{t-1} - NDA_t \qquad (6.4)$$

模型（6.3）中 NDA_t 代表非操控性应计项目，根据模型（6.2）得到的系数计算得到。模型（6.4）中 DA_t 代表操控性应计项目，用经营性应计项目总额减去非操控性应计项目。用 DA_t 度量应计盈余管理，用 AEM 表示。

（2）真实盈余管理。罗伊乔杜里（Roychowdhury，2006）延续修正的琼斯模型研究思路，构建了测度销售操控、生产操控和费用操控的模型，通过模型计算出异常的现金流、异常费用和异常的生产成本，以此来度量真实的盈余管理。

$$CFO_t/A_{t-1} = \alpha_0 + \alpha_1(1/A_{t-1}) + \alpha_2(REV_t)/A_{t-1} + (\Delta REV_t/A_{t-1}) + \varepsilon_i$$

$$(6.5)$$

CFO_t 代表 t 期经营活动产生的现金流量净额，其他变量定义与上面相同。正常的 CFO_t 为 t 期营业收入总额及 t 期营业收入变动额的线性函数，对模型（6.5）进行回归得到回归系数再将其代入模型中计算出正常的 CFO_t，用实际的 CFO_t 减去正常的 CFO_t 得出异常的经营活动现金流量，用来度量真实盈余管理，用 REM_CFO 表示。

$$DIS_t/A_{t-1} = \alpha_0 + \alpha_1(1/A_{t-1}) + \alpha_2(REV_{t-1})/A_{t-1} + \varepsilon_i \qquad (6.6)$$

DIS_t 代表 t 期销售费用和管理费用之和，其他变量定义与上面相同。正常的 DIS_t 为 t−1 期营业收入变动额的线性函数，对模型（6.6）进行回归得到回归系数再将其代入模型中计算出正常的 DIS_t，用实际的 DIS_t 减去正常的 DIS_t 得出异常的费用操控，用来度量真实盈余管理，用 REM_DIS 表示。

$$COGS_t/A_{t-1} = \alpha_0 + \alpha_1(1/A_{t-1}) + \alpha_2(REV_t)/A_{t-1} + \varepsilon_i \qquad (6.7)$$

$$\Delta INV_t/A_{t-1} = \alpha_0 + \alpha_1(1/A_{t-1}) + \alpha_2(\Delta REV_t)/A_{t-1} + (\Delta REV_t/A_{t-1}) + \varepsilon_i$$
$$(6.8)$$

$COGS_t$ 代表 t 期营业成本，正常的 $COGS_t$ 为 t 期营业收入的线性函数，对模型（6.7）进行回归得到回归系数再将其代入模型中计算出正常的 $COGS_t$，用实际的 $COGS_t$ 减去正常的 $COGS_t$ 得出异常的营业成本。ΔINV_t 代表 t 期存货变动额，正常的 ΔINV_t 为 t 期及 t−1 期营业收入变动额的线性函数，对模型（6.8）进行回归得到回归系数再将其代入模型中计算出正常的 ΔINV_t，用实际的 ΔINV_t 减去正常的 ΔINV_t 得出异常的存货变动额。异常的营业成本加上异常的存货变动额即为异常的生产成本，用来度量真实盈余管理，用 REM_PROD 表示。

我们用异常现金流量、异常费用操控、异常生产成本构建了总真实盈余管理变量 REM，REM = REM_PROD − REM_CFO − REM_DIS。在下面研究中，我们用 REM 代表真实盈余管理水平。

6.2.2.2 解释变量

Com 代表上市公司高管的货币薪酬水平，其值等于前三名高管的薪酬总额对数。

Prom 为高管晋升哑变量，本章根据 CSMAR 数据库中高管变更数据，手工收集了高管离职后去向，将高管离职后去向分为晋升、平调、降职和离职。保留高管晋升样本，Prom 赋值为 1，删除高管变更但未晋升样本，高管不变样本 Prom 赋值为 0。考虑到样本规模，未以高管不变为基础对高管晋升样本进行配对，把所有的高管不变样本全部赋值为 0。后面用配对样本进行稳健性检验。

6.2.2.3 控制变量

根据以往文献，本章控制了审计意见类型、是否是四大事务所、现金流量状况、公司业绩、企业规模、成长性、资产负债率、高管持股、第一大股东持股、董事会规模、独董比例等公司层面和治理层面变量，具体变量定义见表 6 - 1。

表 6 - 1   变量定义表

变量类型	变量名称	变量符号	变量释义
被解释变量	应计盈余管理	AEM	根据修正 Jones 模型估计
	真实盈余管理总额	REM	REM = REM_PROD – REM_CFO – REM_DIS
	异常现金流量	REM_CFO	模型（6.5）估计
	异常费用	REM_DIS	模型（6.6）估计
	异常生产成本	REM_PROD	模型（6.7）、模型（6.8）估计
	总盈余管理	GEM	应计盈余管理与真实盈余管理之和
解释变量	高管晋升	Prom	高管晋升赋值为 1，高管不变赋值为 0
	货币薪酬	Com	前三名高管的薪酬总额对数
控制变量	净资产收益率	Roe	净利润与净资产的比值
	公司规模	Size	公司年末总资产的自然对数
	成长性	Growth	公司营业收入增长率
	财务杠杆	Lev	负债总额与资产总额的比值
	高管持股	Msh	当管理层持股时取 1，否则取 0
	两职合一	Dual	当董事长与总经理两职合一时取 1，否则取 0
	董事会规模	Broad	董事会成员数量
	独董比例	Inde	独立董事人数与董事会人数之比
	股权集中度	First	第一大股东持股份额占公司总股份的比例
	现金流量状况	CFO	经营活动产生现金流量与总资产的比值
	审计意见类型	Audit	审计意见为标准无保留意见，则取值为 1，否则为 0
	是否是四大事务所	Big4	事务所为国际四大，则取值为 1，否则为 0

6.2.3 样本选取

本章以 2003～2017 年我国非金融类国有上市公司为研究样本，因为本书国企分类之初就不包含金融类公司，所以进行数据处理时不需要进行额外剔除，并按如下顺序对样本进行筛选：（1）剔除 ST、PT 的公司；（2）剔除变量值有缺失的观测；（3）如果一年内有多次高管晋升，则只保留一次晋升；（4）删除高管任职期限不满一年的样本。在此基础上进一步对连续变量在 1% 和 99% 水平上进行了 winsorize 处理。

6.3 实证分析

6.3.1 描述性统计

表 6-2 是主要变量的描述性统计结果。全样本 AEM 的均值是 0.021，公益类国企 AEM 的均值显著低于商业 1 类国企和商业 2 类国企，为 0.015，说明公益类国企的整体应计盈余管理水平较低。全样本 REM 的均值为 -0.021，公益类国企 REM 的均值为 -0.051，显著低于商业 1 类国企（-0.14）和商业 2 类国企（-0.15），说明公益类国企的整体实际盈余管理水平也较低。公益类国企的 REM_CFO 均值显著高于商业 1 类国企和商业 2 类国企，公益类国企的 REM_DIS、REM_PROD、GEM 均值显著低于商业 1 类国企和商业 2 类国企。通过观察应计盈余管理、真实盈余管理及其各组成部分、盈余管理总额的描述性统计数据，可以初步得出结论，公益类国企的应计盈余管理和真实盈余管理水平都较商业类国企低。

全样本 Com 的均值为 13.943，公益类国企 Com 的均值为 13.947，低于商业 1 类国企（13.961），高于商业 2 类国企（13.937），但差异都不显著。全样本 Prom 的均值为 0.128，公益类国企 Prom 的均值为 0.132，低于商业 1 类国企（0.133），高于商业 2 类国企（0.126），但差异都不显著。另外，公益类国企现金流量最高（0.087），获得所保留意见的概率最高（0.970），聘请国际四大会计师事务所的概率最高（0.148），规模比较大（22.635），管理层持股较低（0.630），两职兼任情况最低（0.063），董事会规模最大（10.050），独董比率最低（0.355），第一大股东持股比率较高（0.423），风险最小（0.515）。

表 6 - 2　　　　　　　　盈余管理与货币薪酬及高管晋升的描述性统计

变量	全样本		公益类国企 （1）		商业1类国企 （2）		商业2类国企 （3）		mean - diff		
	观测值	均值	观测值	均值	观测值	均值	观测值	均值	（1）~（2）	（1）~（3）	（2）~（3）
AEM	9 885	0.021	1 564	0.015	1 657	0.023	6 664	0.022	- 0.008 ***	- 0.007 ***	0.001
REM	9 574	- 0.021	1 512	- 0.051	1 584	- 0.014	6 478	- 0.015	- 0.037 ***	- 0.036 ***	0.001
REM_CFO	9 574	- 0.004	1 512	0.036	1 584	0.002	6 478	- 0.015	0.034 ***	0.051 ***	0.017 ***
REM_DIS	9 574	0.027	1 512	- 0.019	1 584	0.009	6 478	0.043	- 0.028 ***	- 0.062 ***	- 0.034 ***
REM_PROD	9 574	0.003	1 512	- 0.034	1 584	- 0.002	6 478	0.013	- 0.032 ***	- 0.047 ***	- 0.015 ***
CEM	9 556	- 0.002	1 508	- 0.029	1 581	- 0.001	6 467	0.005	- 0.028 ***	- 0.034 ***	- 0.006
Com	9 885	13.943	1 564	13.947	1 657	13.961	6 664	13.937	- 0.014	0.010	0.024
Prom	9 885	0.128	1 564	0.132	1 657	0.133	6 664	0.126	- 0.001	0.006	0.007
CFO	9 885	0.055	1 564	0.087	1 657	0.064	6 664	0.045	0.023 ***	0.042 ***	0.019 ***
Audit	9 885	0.962	1 564	0.970	1 657	0.964	6 664	0.960	0.006	0.010 *	0.004
Big4	9 885	0.094	1 564	0.148	1 657	0.131	6 664	0.072	0.017	0.076 ***	0.059 ***
Roe	9 885	0.061	1 564	0.069	1 657	0.066	6 664	0.058	0.003	0.011 ***	0.008 **
Size	9 885	22.275	1 564	22.635	1 657	22.717	6 664	22.080	- 0.082	0.555 ***	0.637 ***
Growth	9 885	0.165	1 564	0.172	1 657	0.185	6 664	0.159	- 0.013	0.013	0.026 **
Msh	9 885	0.686	1 564	0.630	1 657	0.593	6 664	0.723	0.037 **	- 0.093 ***	- 0.130 ***
Dual	9 885	0.099	1 564	0.063	1 657	0.079	6 664	0.113	- 0.016 *	- 0.050 ***	- 0.034 ***
Broad	9 885	9.465	1 564	10.050	1 657	9.696	6 664	9.270	0.354 ***	0.780 ***	0.426 ***
Inde	9 885	0.363	1 564	0.355	1 657	0.367	6 664	0.363	- 0.012 ***	- 0.008 ***	0.004 ***
First	9 885	0.395	1 564	0.423	1 657	0.440	6 664	0.378	- 0.017 ***	0.045 ***	0.062 ***
Lev	9 885	0.519	1 564	0.515	1 657	0.538	6 664	0.518	- 0.023 ***	- 0.003 ***	0.020 ***

注：***、**、*分别代表在1%、5%、10%的显著性水平上显著。

6.3.2 回归分析

6.3.2.1　应计盈余管理与高管激励

表 6-3 是应计盈余管理与货币薪酬及高管晋升的回归结果，第（1）、（4）、（7）、（10）列为不同样本应计盈余管理与货币薪酬的回归结果。全样本 Com 的回归系数为 0.006，在 1% 水平上显著，这表明国有企业总体应计盈余管理与货币薪酬显著正相关；公益类国企 Com 的回归系数为 0.001，不显著；商业 1 类国企和商业 2 类国企 Com 回归系数均为 0.007，在 1% 水平上显著，这表明商业类国企应计盈余管理与货币薪酬显著正相关。回归结果验证了假设 6-1，即和公益类国企相比，商业类国企高管货币薪酬会导致应计盈余管理行为。

第（2）、（5）、（8）、（11）列为不同样本应计盈余管理与高管晋升的回归结果。全样本 Prom 的回归系数为 0.003，在 10% 水平上显著，这表明国有企业总体应计盈余管理与高管晋升显著正相关；公益类国企和商业 1 类国企 Prom 的回归系数分别为 -0.000 和 -0.003，都不显著；商业 2 类国企 Prom 的回归系数为 0.004，在 5% 水平上显著，这表明商业 2 类国企应计盈余管理与高管晋升显著正相关。回归结果验证了假设 6-2，即和公益类国企相比，商业类国企高管晋升会导致应计盈余管理行为。

另外，第（3）、（6）、（9）、（12）列为不同样本高管晋升和货币薪酬交互作用对应计盈余管理的影响。由于只有全样本和商业 2 类国企高管晋升和货币薪酬都与应计盈余管理正相关，所以我们只关注第（3）列和第（12）列交乘项 Com × Prom 的回归系数。全样本和商业 2 类国企 Com × Prom 的回归系数都在 1% 水平上与应计盈余管理显著负相关，这说明尽管高管晋升和货币薪酬都会诱发应计盈余管理，但两种激励方式的结合使用可以降低应计盈余管理水平。这也间接验证了吉本斯和墨菲（Gibbons and Murphy，1992）的研究结论，高管晋升和货币薪酬两种激励方式相互替代，相互补充。

表 6 - 3　应计盈余管理与货币薪酬及高管晋升回归结果

变量	全样本			公益类国企			商业 1 类国企			商业 2 类国企		
	(1)	(2)	(3)	(4)	(5)	(6)	(7)	(8)	(9)	(10)	(11)	(12)
Com	0.006*** (6.98)		0.122*** (8.15)	0.001 (0.45)		0.016 (0.23)	0.007*** (2.95)		0.172** (2.32)	0.007*** (6.70)		0.102*** (7.66)
Prom		0.003* (1.91)	0.007*** (8.05)		-0.000 (-0.05)	0.001 (0.50)		-0.003 (-0.88)	0.009*** (3.36)		0.004** (2.22)	0.008*** (7.42)
Com × Prom			-0.009*** (-7.99)			-0.001 (-0.23)			-0.013** (-2.37)			-0.007*** (-7.44)
Roe	0.248*** (57.23)	0.255*** (59.65)	0.248*** (57.27)	0.250*** (18.45)	0.251*** (18.63)	0.250*** (18.43)	0.240*** (20.94)	0.246*** (21.97)	0.240*** (20.95)	0.249*** (50.42)	0.255*** (52.61)	0.248*** (50.54)
Size	0.008*** (12.85)	0.009*** (16.83)	0.008*** (12.99)	0.009*** (6.42)	0.009*** (7.10)	0.009*** (6.40)	0.010*** (6.38)	0.012*** (8.09)	0.010*** (6.39)	0.007*** (9.66)	0.009*** (13.42)	0.007*** (9.68)
CFO	-0.818*** (-129.02)	-0.815*** (-128.46)	-0.814*** (-128.72)	-0.650*** (-34.42)	-0.650*** (-34.42)	-0.650*** (-34.38)	-0.793*** (-47.80)	-0.788*** (-47.52)	-0.792*** (-47.74)	-0.855*** (-118.12)	-0.852*** (-117.31)	-0.849*** (-117.10)
Msh	-0.001 (-1.30)	-0.001 (-1.17)	-0.001 (-1.22)	-0.004* (-1.65)	-0.004 (-1.62)	-0.004* (-1.66)	0.002 (0.54)	0.002 (0.55)	0.002 (0.55)	-0.002 (-1.18)	-0.002 (-1.16)	-0.002 (-1.21)
Dual	-0.000 (-0.11)	0.000 (0.10)	-0.000 (-0.00)	0.009* (1.65)	0.008 (1.63)	0.009 (1.64)	-0.004 (-0.81)	-0.004 (-0.73)	-0.004 (-0.74)	-0.001 (-0.53)	-0.000 (-0.24)	-0.001 (-0.45)
Broad	0.000 (0.61)	0.000 (1.13)	0.000 (0.60)	-0.000 (-0.08)	-0.000 (-0.01)	-0.000 (-0.08)	-0.001 (-1.43)	-0.001 (-1.57)	-0.001 (-1.48)	0.001** (2.39)	0.001*** (2.94)	0.001** (2.49)

续表

变量	全样本			公益类国企			商业 1 类国企			商业 2 类国企		
	(1)	(2)	(3)	(4)	(5)	(6)	(7)	(8)	(9)	(10)	(11)	(12)
Inde	-0.019* (-1.75)	-0.020* (-1.79)	-0.019* (-1.78)	0.002 (0.07)	0.002 (0.08)	0.002 (0.07)	-0.021 (-0.75)	-0.028 (-1.01)	-0.021 (-0.74)	-0.019 (-1.49)	-0.018 (-1.42)	-0.018 (-1.41)
First	0.011*** (3.03)	0.008** (2.25)	0.011*** (3.02)	0.021** (2.23)	0.021** (2.19)	0.022** (2.24)	-0.029*** (-2.72)	-0.033*** (-3.22)	-0.027*** (-2.61)	0.018*** (4.07)	0.015*** (3.51)	0.016*** (3.77)
Lev	-0.112*** (-35.96)	-0.115*** (-37.40)	-0.112*** (-36.13)	-0.108*** (-13.66)	-0.108*** (-13.95)	-0.108*** (-13.65)	-0.129*** (-14.91)	-0.132*** (-15.21)	-0.129*** (-14.84)	-0.109*** (-30.17)	-0.113*** (-31.66)	-0.109*** (-30.15)
Growth	0.004*** (2.67)	0.004*** (2.63)	0.003** (2.55)	0.017*** (5.22)	0.017*** (5.22)	0.017*** (5.22)	0.014*** (3.91)	0.014*** (3.91)	0.014*** (3.81)	-0.003** (-2.12)	-0.004** (-2.19)	-0.003** (-2.07)
Audit	0.039*** (13.68)	0.039*** (13.87)	0.039*** (13.71)	0.042*** (5.58)	0.042*** (5.60)	0.042*** (5.57)	0.069*** (8.99)	0.069*** (8.97)	0.068*** (8.98)	0.032*** (9.71)	0.032*** (9.90)	0.032*** (9.94)
Big4	-0.010*** (-5.27)	-0.009*** (-4.81)	-0.010*** (-5.32)	-0.018*** (-4.56)	-0.018*** (-4.54)	-0.018*** (-4.57)	-0.017*** (-3.42)	-0.016*** (-3.25)	-0.017*** (-3.37)	-0.006** (-2.28)	-0.004* (-1.77)	-0.006** (-2.25)
Cons	0.195 (-13.67)	-0.152*** (-11.79)	-0.212*** (-14.74)	-0.141*** (-3.88)	-0.130*** (-4.66)	-0.143*** (-3.77)	-0.189*** (-5.04)	-0.128*** (-4.09)	-0.207*** (-5.41)	-0.192*** (-11.82)	-0.150*** (-9.98)	-0.205*** (-12.59)
年度	yes	yes	yes	yes	yes	yes	yes	yes	yes	yes	yes	yes
行业	yes	yes	yes	yes	yes	yes	yes	yes	yes	yes	yes	yes
观测值	9 885	9 885	9 885	1 564	1 564	1 564	1 657	1 657	1 657	6 664	6 664	6 664
调整后 R²	0.681	0.680	0.684	0.531	0.531	0.531	0.649	0.647	0.650	0.725	0.723	0.728

注：***，**，*分别代表在 1%，5%，10% 的显著性水平上显著。

6.3.2.2　真实盈余管理与高管晋升

表 6 – 4 是真实盈余管理与货币薪酬及高管晋升的回归结果，第（1）、
（4）、（7）、（10）列为不同样本真实盈余管理与货币薪酬的回归结果。全样
本 Com 的回归系数为 – 0.014，在 1% 水平上显著，这表明国有企业总体真
实盈余管理与货币薪酬显著负相关，货币薪酬可以抑制真实盈余管理行为；
公益类国企 Com 的回归系数为 0.003，不显著；商业 1 类国企和商业 2 类
国企 Com 回归系数分别为 – 0.006 和 – 0.019，在 10% 和 1% 水平上显著，
这表明商业类国企真实盈余管理与货币薪酬显著负相关。回归结果验证了
假设 6 – 3，即和公益类国企相比，商业类国企高管货币薪酬会抑制真实盈
余管理行为。

表 6 – 4 中第（2）、（5）、（8）、（11）列为不同样本真实盈余管理与高
管晋升的回归结果。全样本 Prom 的回归系数为 0.009，在 1% 水平上显著，
这表明国有企业总体真实盈余管理与高管晋升显著正相关，即对国有企业
来说，高管晋升会引发真实盈余管理，损害企业长期利益。公益类国企、
商业 1 类国企和商业 2 类国企 Prom 的回归系数均显著为正，但结合表 6 – 5
中各类国企真实盈余管理与高管晋升回归结果差异可知，各类国企高管晋
升引发盈余管理的程度存在差异。表 6 – 5 回归模型中引入了 fen_1、fen_2、
fen_3 哑变量，交乘项 $fen_1 \times Prom$ 回归系数为 0.005，且在 1% 水平上显著，
表明公益类国企高管晋升比商业 2 类国企导致更高程度的真实盈余管理；
$fen_2 \times Prom$ 回归系数为 0.002，不显著，说明公益类国企与商业 1 类国企高
管晋升引发的真实盈余管理程度没有差别；$fen_3 \times Prom$ 回归系数为 0.05，
在 10% 水平上显著，说明商业 2 类国企高管晋升比商业 1 类国企引发更高
程度的盈余管理。表 6 – 4 和表 6 – 5 的回归结果基本验证了假设 6 – 4，即
和商业类国企相比，公益类国企高管晋升会导致更高程度的真实盈余管理
行为。

表 6-4　真实盈余管理与货币薪酬及高管晋升回归结果

变量	全样本			公益类国企			商业 1 类国企			商业 2 类国企		
	(1)	(2)	(3)	(4)	(5)	(6)	(7)	(8)	(9)	(10)	(11)	(12)
Com	-0.014*** (-9.26)		-0.014*** (-8.87)	0.003 (0.91)		0.004 (1.14)	-0.006* (-1.77)		-0.006 (-1.59)	-0.019*** (-9.46)		-0.018*** (-9.13)
Prom		0.009*** (3.34)	0.032 (0.72)		0.013*** (2.91)	0.080 (0.97)		0.010* (1.82)	0.035 (0.32)		0.007** (2.13)	0.035 (0.63)
Com×Prom			-0.002 (-0.53)			-0.005 (-0.81)			-0.002 (-0.23)			-0.002 (-0.50)
Roe	-0.160*** (-22.23)	-0.172*** (-24.26)	-0.159*** (-22.09)	-0.193*** (-11.74)	-0.190*** (-11.70)	-0.192*** (-11.74)	-0.155*** (-9.70)	-0.159*** (-10.16)	-0.153*** (-9.51)	-0.160*** (-17.74)	-0.176*** (-19.73)	-0.160*** (-17.65)
Size	0.010*** (10.11)	0.007*** (6.95)	0.010*** (10.04)	0.006*** (3.49)	0.006*** (4.08)	0.006*** (3.42)	-0.000 (-0.13)	-0.002 (-0.89)	-0.000 (-0.17)	0.014*** (9.79)	0.008*** (6.43)	0.014*** (9.74)
CFO	-1.441*** (-132.34)	-1.447*** (-132.46)	-1.442*** (-132.42)	-1.421*** (-61.08)	-1.422*** (-61.26)	-1.422*** (-61.21)	-1.448*** (-59.57)	-1.454*** (-60.05)	-1.450*** (-59.59)	-1.436*** (-104.48)	-1.442*** (-104.32)	-1.436*** (-104.48)
Msh	-0.000 (-0.25)	-0.001 (-0.38)	-0.000 (-0.23)	0.006** (1.97)	0.007** (2.13)	0.007** (2.01)	0.001 (0.17)	0.001 (0.15)	0.001 (0.15)	-0.003 (-1.20)	-0.003 (-1.15)	-0.003 (-1.17)
Dual	-0.001 (-0.30)	-0.001 (-0.43)	-0.001 (-0.21)	-0.001 (-0.23)	-0.002 (-0.25)	-0.001 (-0.22)	-0.005 (-0.77)	-0.006 (-0.80)	-0.005 (-0.74)	-0.001 (-0.36)	-0.002 (-0.63)	-0.001 (-0.29)
Broad	0.000 (0.64)	0.000 (0.08)	0.000 (0.71)	0.001 (0.75)	0.001 (1.02)	0.001 (0.87)	0.003*** (2.63)	0.003*** (2.78)	0.003*** (2.69)	-0.001 (-0.85)	-0.001 (-1.55)	-0.001 (-0.81)

续表

变量	全样本			公益类国企			商业1类国企			商业2类国企		
	(1)	(2)	(3)	(4)	(5)	(6)	(7)	(8)	(9)	(10)	(11)	(12)
Inde	-0.042** (-2.23)	-0.041** (-2.18)	-0.041** (-2.22)	0.022 (0.55)	0.019 (0.49)	0.019 (0.47)	-0.104** (-2.56)	-0.099** (-2.43)	-0.104** (-2.56)	-0.037 (-1.57)	-0.039 (-1.63)	-0.037 (-1.54)
First	0.001 (0.16)	0.007 (1.01)	0.000 (0.03)	0.020* (1.69)	0.018 (1.52)	0.020* (1.66)	0.038** (2.44)	0.041*** (2.68)	0.036** (2.35)	-0.012 (-1.42)	-0.006 (-0.76)	-0.012 (-1.51)
Lev	0.124*** (23.53)	0.131*** (25.11)	0.124*** (23.51)	0.086*** (8.99)	0.085*** (8.99)	0.086*** (9.02)	0.163*** (13.08)	0.164*** (13.23)	0.161*** (12.96)	0.127*** (18.64)	0.138*** (20.36)	0.127*** (18.65)
Growth	-0.012*** (-5.42)	-0.012*** (-5.40)	-0.013*** (-5.46)	-0.040*** (-9.95)	-0.040*** (-9.94)	-0.040*** (-9.94)	-0.008 (-1.61)	-0.008 (-1.66)	-0.008* (-1.68)	-0.006** (-2.13)	-0.006** (-2.08)	-0.007** (-2.17)
Audit	-0.002 (-0.39)	-0.003 (-0.54)	-0.001 (-0.29)	-0.050*** (-5.44)	-0.050*** (-5.52)	-0.051*** (-5.57)	-0.013 (-1.21)	-0.013 (-1.19)	-0.013 (-1.18)	0.010* (1.69)	0.009 (1.53)	0.011* (1.80)
Big4	-0.004 (-1.29)	-0.006* (-1.92)	-0.004 (-1.30)	-0.002 (-0.43)	-0.001 (-0.31)	-0.002 (-0.42)	0.032*** (4.36)	0.031*** (4.26)	0.032*** (4.33)	-0.013*** (-2.85)	-0.017*** (-3.62)	-0.013*** (-2.85)
Cons	0.002 (0.09)	-0.098*** (-4.42)	-0.002 (-0.08)	-0.077* (-1.73)	-0.053 (-1.54)	-0.091* (-1.95)	0.035 (0.64)	-0.019 (-0.41)	0.029 (0.51)	-0.014 (-0.47)	-0.128*** (-4.50)	-0.018 (-0.59)
年度	yes	yes	yes	yes	yes	yes	yes	yes	yes	yes	yes	yes
行业	yes	yes	yes	yes	yes	yes	yes	yes	yes	yes	yes	yes
观测值	9 574	9 574	9 574	1 512	1 512	1 512	1 584	1 584	1 584	6 478	6 478	6 478
调整后 R^2	0.787	0.785	0.787	0.829	0.830	0.830	0.835	0.835	0.836	0.774	0.771	0.774

注：***、**、* 分别代表在1%、5%、10%的显著性水平上显著。

表6-5　　　　　　　各类国企真实盈余管理与高管晋升回归结果差异

变量	（1） 全样本	（2） 公益类国企和 商业2类国企	（3） 公益类国企和 商业1类国企	（4） 商业1类国企和 商业2类国企
fen_1		-0.058^{**} (-2.09)		
$fen_1 \times Prom$		0.005^{***} (2.68)		
fen_2			-0.069^{**} (-2.35)	
$fen_2 \times Prom$			0.002 (1.27)	
fen_3				0.006 (0.22)
$fen_3 \times Prom$				0.005^{*} (1.66)
Prom	0.009^{***} (3.33)	0.007^{**} (2.18)	0.012^{**} (2.29)	0.007^{**} (2.09)
Roe	-0.172^{***} (-24.24)	-0.173^{***} (-21.81)	-0.163^{***} (-14.68)	-0.175^{***} (-22.36)
Size	0.007^{***} (6.98)	0.008^{***} (7.41)	0.002^{*} (1.90)	0.007^{***} (6.13)
CFO	-1.451^{***} (-132.60)	-1.447^{***} (-118.47)	-1.448^{***} (-85.53)	-1.453^{***} (-119.86)
Msh	-0.001 (-0.38)	-0.001 (-0.52)	0.005^{*} (1.71)	-0.002 (-1.04)
Dual	-0.001 (-0.43)	-0.002 (-0.50)	-0.004 (-0.74)	-0.002 (-0.47)
Broad	0.000 (0.08)	-0.001 (-0.88)	0.002^{***} (2.71)	-0.000 (-0.44)
Inde	-0.041^{**} (-2.19)	-0.029 (-1.38)	-0.055^{*} (-1.96)	-0.050^{**} (-2.42)
First	0.007 (1.01)	0.000 (0.03)	0.033^{***} (3.42)	0.002 (0.32)
Lev	0.131^{***} (25.08)	0.127^{***} (22.01)	0.121^{***} (15.58)	0.140^{***} (23.57)
Growth	-0.013^{***} (-5.49)	-0.013^{***} (-5.16)	-0.024^{***} (-7.44)	-0.007^{***} (-2.71)

变量	（1） 全样本	（2） 公益类国企和 商业 2 类国企	（3） 公益类国企和 商业 1 类国企	（4） 商业 1 类国企和 商业 2 类国企
Audit	－ 0.003 （－ 0.52）	－ 0.001 （－ 0.13）	－ 0.030 *** （－ 4.19）	0.005 （0.98）
Big4	－ 0.006 * （－ 1.90）	－ 0.013 *** （－ 3.36）	0.010 ** （2.37）	－ 0.008 * （－ 1.91）
Cons	－ 0.098 *** （－ 4.43）	－ 0.118 *** （－ 4.84）	－ 0.008 （－ 0.23）	－ 0.105 *** （－ 4.19）
年度	yes	yes	yes	yes
行业	yes	yes	yes	yes
观测值	9 574	7 990	3 096	8 062
调整后 R^2	0.785	0.777	0.831	0.782

注：***、**、* 分别代表在 1%、5%、10% 的显著性水平上显著。

表 6 - 4 中第（3）、（6）、（9）、（12）列为高管晋升与货币薪酬共同作用对真实盈余管理的影响。第（3）列全样本回归结果显示，Com 的回归结果为 - 0.014，在 1% 水平上显著，而 Prom 和交乘项 Com × Prom 都与真实盈余管理不再相关，表明高管晋升和货币薪酬两种激励措施共同运用抵消了高管晋升对真实盈余管理的正向影响。第（6）列为公益类国企回归结果，Com、Prom 和交乘项 Com × Prom 都与真实盈余管理不相关，也表明了两种激励措施的运用抑制了真实盈余管理行为。第（9）、（12）列商业 1 类国企和商业 2 类国企回归结果进一步证明了这点。通过分析回归结果，我们可以得出结论，两种激励措施的结合运用降低了真实盈余管理行为，所以国企要综合运用多种激励措施。

6.3.3　稳健性检验

（1）以高管不变样本为基础，根据同行业、同年度、资产规模在 0.8 ~ 1.2 之间的公司这一配对原则，对高管晋升样本进行 1∶2 配对，以配对样本为基础，应计盈余管理和真实盈余管理对高管晋升重新进行回归，回归结果见表 6 - 6 和表 6 - 7。

表6-6		应计盈余管理与高管晋升配对样本回归结果		
变量	（1） 全样本	（2） 公益类国企	（3） 商业1类国企	（4） 商业2类国企
Prom	0.006 *** (2.95)	0.002 (0.39)	0.009 (1.61)	0.007 *** (2.97)
Roe	0.149 *** (24.13)	0.134 *** (6.06)	0.177 *** (10.50)	0.146 *** (20.90)
Size	0.009 *** (7.85)	0.012 *** (4.48)	0.005 (1.56)	0.009 *** (6.47)
CFO	-0.757 *** (-59.83)	-0.569 *** (-14.44)	-0.793 *** (-23.77)	-0.780 *** (-53.17)
Msh	-0.002 (-0.74)	-0.003 (-0.51)	0.012 ** (2.14)	-0.006 ** (-2.07)
Dual	0.008 ** (2.30)	0.005 (0.48)	0.013 (1.12)	0.007 * (1.72)
Broad	0.001 (1.17)	0.001 (0.72)	0.002 (1.17)	0.000 (0.41)
Inde	-0.007 (-0.34)	0.066 (1.07)	0.025 (0.48)	-0.030 (-1.16)
First	0.011 (1.43)	0.010 (0.53)	0.008 (0.39)	0.009 (1.09)
Lev	-0.105 *** (-17.13)	-0.126 *** (-7.34)	-0.083 *** (-4.40)	-0.104 *** (-14.74)
Growth	0.011 *** (4.16)	0.012 * (1.77)	0.018 ** (2.34)	0.007 ** (2.26)
Audit	0.036 *** (6.95)	0.040 ** (2.14)	0.030 ** (2.19)	0.036 *** (6.05)
Big4	-0.005 (-1.21)	-0.025 *** (-2.85)	-0.004 (-0.41)	0.004 (0.88)
Cons	-0.120 *** (-4.37)	-0.194 *** (-3.28)	-0.073 (-0.89)	-0.108 *** (-3.29)
年度	yes	yes	yes	yes
行业	yes	yes	yes	yes
观测值	2 629	424	385	1 820
调整后 R^2	0.657	0.535	0.708	0.683

注：*** 、** 、* 分别代表在1%、5%、10%的显著性水平上显著。

表 6 - 7 真实盈余管理与高管晋升配对样本回归结果

变量	（1） 全样本	（2） 公益类国企和 商业 2 类国企	（3） 公益类国企和 商业 1 类国企	（4） 商业 1 类国企和 商业 2 类国企
fen_1		0.021 (0.24)		
$Fen_1 \times Prom$		0.003 ** (2.27)		
fen_2			− 0.008 (− 0.11)	
$fen_2 \times Prom$			0.008 (0.74)	
fen_3				0.013 (0.24)
$fen_3 \times Prom$				0.007 *** (2.74)
Prom	0.011 *** (3.00)	0.013 *** (2.98)	0.003 (0.44)	0.012 *** (2.66)
Roe	− 0.119 *** (− 11.23)	− 0.118 *** (− 10.17)	− 0.144 *** (− 7.88)	− 0.113 *** (− 9.76)
Size	0.005 *** (2.64)	0.007 *** (3.03)	0.002 (0.69)	0.005 ** (2.18)
CFO	− 1.479 *** (− 66.70)	− 1.489 *** (− 61.59)	− 1.394 *** (− 37.63)	− 1.492 *** (− 60.32)
Msh	− 0.001 (− 0.22)	− 0.002 (− 0.39)	0.001 (0.11)	0.000 (0.10)
Dual	− 0.001 (− 0.18)	0.001 (0.15)	− 0.010 (− 0.97)	− 0.002 (− 0.28)
Broad	− 0.000 (− 0.45)	− 0.000 (− 0.09)	− 0.000 (− 0.14)	− 0.001 (− 0.72)
Inde	− 0.042 (− 1.14)	− 0.032 (− 0.79)	− 0.060 (− 1.08)	− 0.040 (− 0.97)
First	0.002 (0.16)	− 0.000 (− 0.03)	0.019 (0.95)	− 0.002 (− 0.15)

续表

变量	(1) 全样本	(2) 公益类国企和 商业 2 类国企	(3) 公益类国企和 商业 1 类国企	(4) 商业 1 类国企和 商业 2 类国企
Lev	0.117 *** (11.16)	0.117 *** (10.33)	0.099 *** (5.62)	0.124 *** (10.32)
Growth	-0.009 ** (-2.03)	-0.012 ** (-2.32)	-0.008 (-1.08)	-0.008 (-1.44)
Audit	-0.003 (-0.30)	-0.005 (-0.50)	-0.020 (-1.37)	0.006 (0.59)
Big4	-0.016 ** (-2.37)	-0.022 *** (-2.98)	0.000 (0.02)	-0.018 ** (-2.22)
Cons	-0.017 (-0.36)	-0.067 (-1.31)	0.102 (1.48)	-0.003 (-0.05)
年度	yes	yes	yes	yes
行业	yes	yes	yes	yes
观测值	2 525	2 158	775	2 117
调整后 R^2	0.789	0.785	0.820	0.786

注: *** 、 ** 、 * 分别代表在 1% 、5% 、10% 的显著性水平上显著。

根据表 6 - 6 回归结果可知，公益类国企中，应计盈余管理与高管晋升不相关，商业 2 类国企中，应计盈余管理与高管晋升显著正相关，这与之前的研究结论一致。根据表 6 - 7 的回归结果可知，交乘项 $fen_1 \times Prom$ 回归系数显著为正，说明公益类国企高管晋升比商业 2 类国企引发更高程度的真实盈余管理，这与之前的研究结论一致。

（2）内生性问题。盈余管理与管理层激励之间的关系可能存在反向因果解释，即因为高管进行应计盈余管理操纵或真实盈余管理操纵导致了高管货币薪酬的变化或高管晋升。为了缓解互为因果导致的内生性问题，可以通过选择工具变量的方法解决。工具变量的选取原则是工具变量与残差不相关，但与原变量高度相关。本章借鉴借鉴何威风（2013）的研究，首先对高管货币薪酬和高管晋升进行回归，计算出残差作为工具变量；然后使应计盈余管理或真实盈余管理重新对高管晋升或货币薪酬的工具变量进行回归，若工具变量的回归系数与之前的研究结论一致，则不存在内生性问题，结论稳健。

我们以计算货币薪酬的工具变量为例，先建立货币薪酬的如下回归模型计算残差：

$$Com = \beta_0 + \beta_1 Roe + \beta Control + \sum YEAR + \sum IND + \varepsilon_i$$

被解释变量为 Roe，控制变量包括企业规模、成长性、资产负债率、管理层持股、第一大股东持股、董事会规模、独董人数等公司层面和治理层面变量，计算出的残差作为货币薪酬的工具变量，用应计盈余管理和真实盈余管理重新对工具变量进行回归，回归结果见表 6-8 和表 6-9。

表 6-8 应计盈余管理与货币薪酬工具变量回归结果

变量	(1) 全样本	(2) 公益类国企	(3) 商业 1 类国企	(4) 商业 2 类国企
IVCom	0.006 *** (7.98)	0.005 (1.33)	0.008 * (1.82)	0.006 *** (6.89)
Roe	0.246 *** (57.17)	0.247 *** (18.45)	0.237 *** (20.65)	0.246 *** (50.69)
Size	0.008 *** (12.82)	0.008 *** (5.70)	0.010 *** (6.08)	0.007 *** (10.15)
CFO	−0.807 *** (−127.88)	−0.642 *** (−34.25)	−0.787 *** (−47.03)	−0.843 *** (−117.65)
Msh	−0.002 (−1.38)	−0.005 * (−1.81)	0.001 (0.35)	−0.002 (−1.11)
Dual	−0.001 (−0.43)	0.006 (1.09)	−0.006 (−1.26)	−0.001 (−0.49)
Broad	0.000 (0.56)	−0.000 (−0.30)	−0.001 (−1.55)	0.001 ** (2.45)
Inde	−0.018 (−1.60)	0.018 (0.55)	−0.027 (−0.93)	−0.016 (−1.30)
First	0.011 *** (2.99)	0.027 *** (2.76)	−0.032 *** (3.08)	0.018 *** (4.14)
Lev	−0.111 *** (−35.96)	−0.103 *** (−13.26)	−0.126 *** (−14.37)	−0.110 *** (−30.83)

续表

变量	（1）全样本	（2）公益类国企	（3）商业 1 类国企	（4）商业 2 类国企
Growth	-0.002 (-1.54)	0.013 *** (3.90)	0.012 *** (3.18)	-0.010 *** (-6.43)
Audit	0.037 *** (13.10)	0.041 *** (5.37)	0.065 *** (8.45)	0.030 *** (9.33)
Big4	-0.010 *** (-5.13)	-0.018 *** (-4.60)	-0.016 *** (-3.19)	-0.005 ** (-2.12)
Cons	-0.185 *** (-13.44)	-0.171 *** (-5.03)	-0.173 *** (-5.02)	-0.180 *** (-11.47)
年度	yes	yes	yes	yes
行业	yes	yes	yes	yes
观测值	9 590	1 514	1 594	6 482
调整后 R^2	0.686	0.540	0.652	0.730

注：*** 、** 、* 分别代表在 1% 、5% 、10% 的显著性水平上显著。

表 6 - 9　　　　　　真实盈余管理与货币薪酬工具变量回归结果

变量	（1）全样本	（2）公益类国企	（3）商业 1 类国企	（4）商业 2 类国企
IVCom	-0.010 *** (-7.71)	-0.003 (-1.32)	-0.008 *** (-2.77)	-0.012 *** (-7.00)
Roe	-0.167 *** (-22.96)	-0.195 *** (-11.87)	-0.155 *** (-9.58)	-0.170 *** (-18.54)
Size	0.010 *** (9.46)	0.008 *** (4.51)	-0.000 (-0.15)	0.013 *** (8.91)
CFO	-1.453 *** (-130.33)	-1.436 *** (-61.12)	-1.452 *** (-58.30)	-1.448 *** (-102.66)
Msh	-0.000 (-0.09)	0.006 * (1.95)	0.001 (0.23)	-0.002 (-0.90)
Dual	0.000 (0.01)	0.003 (0.53)	-0.002 (-0.31)	-0.002 (-0.57)
Broad	0.001 (1.12)	0.001 (1.15)	0.003 *** (3.02)	-0.000 (-0.48)

变量	(1) 全样本	(2) 公益类国企	(3) 商业 1 类国企	(4) 商业 2 类国企
Inde	-0.044 ** (-2.29)	0.022 (0.55)	-0.092 ** (-2.16)	-0.046 * (-1.89)
First	0.001 (0.17)	0.013 (1.10)	0.039 ** (2.49)	-0.012 (-1.41)
Lev	0.124 *** (23.16)	0.077 *** (8.00)	0.164 *** (12.87)	0.129 *** (18.66)
Growth	-0.010 *** (-4.13)	-0.035 *** (-8.59)	-0.005 (-1.01)	-0.004 (-1.41)
Audit	-0.001 (-0.27)	-0.048 *** (-5.05)	-0.010 (-0.90)	0.010 (1.57)
Big4	-0.006 * (-1.70)	-0.003 (-0.55)	0.034 *** (4.54)	-0.016 *** (-3.41)
Cons	-0.041 * (-1.68)	-0.038 (-0.89)	0.037 (0.73)	-0.070 ** (-2.28)
年度	yes	yes	yes	yes
行业	yes	yes	yes	yes
观测值	9 289	1 462	1 524	6 303
调整后 R^2	0.787	0.834	0.837	0.773

注：***、**、* 分别代表在1%、5%、10%的显著性水平上显著。

根据表6-8回归结果可知，公益类国企应计盈余管理与Com的工具变量不相关，商业1类国企和商业2类国企Com的工具变量的回归系数显著为正，说明商业类国企货币薪酬会引发应计盈余管理，与之前的研究结论一致。根据表6-9回归结果可知，公益类国企真实盈余管理与Com的工具变量不相关，商业1类国企和商业2类国企Com的工具变量的回归系数显著为负，说明商业类国企货币薪酬会抑制真实盈余管理，与之前的研究结论一致。

（3）本章还借鉴了科恩（Cohen，2010）的研究方法，在计量真实盈余管理行为时，除了根据REM_CFO、REM_DIS、REM_PROD设置了REM指标外，还构建了两个分项指标REM1和REM2，本章用REM1和REM2代替REM对高管货币薪酬和高管晋升进行重新回归，结论保持不变，由于篇幅原因，结果未报告。

（4）替换了一些变量。用基本 Jones 模型计算出操纵性应计项目度量应
计盈余管理重新进行回归；用 Roa、经中位数调整的 Roe、利润等业绩指标代
替 Roe 重新进行回归；用董监高前三名薪酬对数、董事前三名对数替换 Com
重新进行回归。变量经过上述调整后重新进行回归，得出结论与上面一致，
表明上面研究结果稳健，由于篇幅原因，结果未报告。

6.4　进一步研究

6.4.1　总盈余管理与高管激励

前面分析了不同类型国企应计盈余管理和真实盈余管理与高管激励的
关系，公益类国企应计盈余管理和真实盈余管理与货币薪酬均不相关，真
实盈余管理与高管晋升正相关；商业类国企应计盈余管理与货币薪酬和高
管晋升都正相关，但真实盈余管理与货币薪酬负相关，与高管晋升正相关。
不同类型盈余管理与不同类型高管激励措施的关系存在差异，应计盈余管
理与真实盈余管理共同构成了企业总的盈余管理水平，那企业总的盈余管
理水平与各高管激励之间关系如何呢？下面分析了总盈余管理与高管激励
之间的关系。

表 6-10 是总盈余管理与高管晋升和货币薪酬回归结果，我们借鉴巴德
彻（Badertscher，2011）的研究成果，构建了总盈余管理指标，总盈余管理
（GEM）＝应计盈余管理（AEM）＋真实盈余管理（REM）。第（1）、（4）、
（7）、（10）列为不同样本总盈余管理与货币薪酬的回归结果。全样本 Com
的回归系数为 -0.008，在 1% 水平上显著，这表明国有企业总盈余管理与货
币薪酬显著负相关，货币薪酬可以抑制总盈余管理行为；公益类国企和商业
1 类国企 Com 的回归系数均不显著；商业 2 类国企 Com 回归系数为 -0.011，
在 1% 水平上显著，这表明商业类国企总盈余管理与货币薪酬显著负相关。
总体来说，和公益类国企相比，商业类国企高管货币薪酬会抑制总盈余管理
行为。

表 6-10 总盈余管理与货币薪酬及高管晋升回归结果

变量	全样本			公益类国企			商业 1 类国企			商业 2 类国企		
	(1)	(2)	(3)	(4)	(5)	(6)	(7)	(8)	(9)	(10)	(11)	(12)
Com	-0.038*** (-5.10)		-0.007*** (-4.33)	0.005 (1.31)		0.005 (1.37)	0.000 (0.05)		0.002 (0.59)	-0.011*** (-5.83)		-0.010*** (-5.20)
Prom		0.008*** (2.89)	0.126*** (2.86)		0.015*** (3.11)	0.044 (0.48)		0.009 (1.59)	0.241** (2.27)		0.005 (1.15)	0.132** (2.40)
Com×Prom			-0.008*** (-2.70)			-0.002 (-0.32)			-0.017** (-2.19)			-0.009** (-2.31)
Roe	0.073*** (10.11)	0.067*** (9.40)	0.074*** (10.23)	0.048*** (2.66)	0.052*** (2.89)	0.048*** (2.70)	0.075*** (4.79)	0.078*** (5.06)	0.079*** (5.03)	0.071*** (7.90)	0.061*** (6.94)	0.071*** (7.94)
Size	0.019*** (18.23)	0.017*** (17.57)	0.019*** (18.17)	0.016*** (8.43)	0.017*** (9.57)	0.016*** (8.37)	0.011*** (4.67)	0.011*** (5.09)	0.011*** (4.64)	0.022*** (15.53)	0.018*** (14.34)	0.022*** (15.49)
CFO	-2.273*** (-208.60)	-2.276*** (-208.94)	-2.273*** (-208.75)	-2.094*** (-82.00)	-2.094*** (-82.24)	-2.095*** (-82.21)	-2.257*** (-94.17)	-2.259*** (-94.65)	-2.260*** (-94.29)	-2.305*** (-168.66)	-2.308*** (-168.69)	-2.304*** (-168.70)
Msh	-0.002 (-1.28)	-0.003 (-1.34)	-0.002 (-1.24)	-0.000 (-0.10)	0.000 (0.09)	-0.000 (-0.03)	0.004 (1.06)	0.004 (1.05)	0.004 (1.05)	-0.006** (-2.18)	-0.006** (-2.15)	-0.006** (-2.14)
Dual	-0.002 (-0.70)	-0.002 (-0.74)	-0.002 (-0.62)	0.014** (2.08)	0.014** (2.06)	0.015** (2.10)	-0.010 (-1.36)	-0.009 (-1.34)	-0.009 (-1.26)	-0.005 (-1.38)	-0.005 (-1.54)	-0.005 (-1.34)
Broad	0.001 (1.08)	0.000 (0.81)	0.001 (1.18)	0.001 (1.06)	0.001 (1.40)	0.001 (1.18)	0.002 (1.43)	0.002 (1.48)	0.002 (1.46)	0.000 (0.52)	0.000 (0.09)	0.000 (0.57)

续表

变量	全样本			公益类国企			商业 1 类国企			商业 2 类国企		
	(1)	(2)	(3)	(4)	(5)	(6)	(7)	(8)	(9)	(10)	(11)	(12)
Inde	-0.049*** (-2.65)	-0.049*** (-2.63)	-0.049** (-2.63)	0.067 (1.56)	0.064 (1.50)	0.064 (1.49)	-0.123*** (-3.08)	-0.124*** (-3.10)	-0.123*** (-3.09)	-0.048** (-2.04)	-0.049** (-2.09)	-0.047** (-2.00)
First	0.010 (1.57)	0.013** (2.01)	0.010 (1.49)	0.038*** (2.95)	0.035*** (2.74)	0.038*** (2.91)	0.003 (0.20)	0.001 (0.09)	0.003 (0.17)	0.004 (0.52)	0.008 (0.92)	0.004 (0.47)
Lev	0.006 (1.08)	0.010 (1.85)	0.006 (1.08)	-0.035*** (-3.31)	-0.037*** (-3.60)	-0.035*** (-3.31)	0.026** (2.07)	0.024** (1.97)	0.025** (2.00)	0.012* (1.78)	0.019** (2.78)	0.012* (1.80)
Growth	-0.007*** (-2.84)	-0.007*** (-2.86)	-0.007*** (-2.88)	-0.005 (-1.08)	-0.005 (-1.05)	-0.005 (-1.05)	0.006 (1.14)	0.005 (1.08)	0.005 (0.98)	-0.011*** (-3.61)	-0.011*** (-3.59)	-0.011*** (-3.62)
Audit	0.042*** (8.67)	0.041*** (8.60)	0.042*** (8.82)	-0.006 (-0.62)	-0.007 (-0.68)	-0.007 (-0.73)	0.056*** (5.15)	0.056*** (5.18)	0.056*** (5.18)	0.049*** (8.00)	0.048*** (7.89)	0.050*** (8.15)
Big4	-0.015*** (-4.43)	-0.016*** (-4.79)	-0.015*** (-4.39)	-0.022*** (-4.12)	-0.021*** (-3.99)	-0.022*** (-4.09)	0.016** (2.14)	0.015** (2.12)	0.016** (2.17)	-0.018*** (-3.97)	-0.021*** (-4.46)	-0.018*** (-3.90)
Cons	-0.216*** (-8.85)	-0.272*** (-12.33)	-0.232*** (-9.28)	-0.262*** (-5.39)	-0.224*** (-5.95)	-0.270*** (-5.29)	-0.151*** (-2.81)	-0.151*** (-3.34)	-0.180*** (-3.27)	-0.234*** (-7.66)	-0.304*** (-10.77)	-0.250*** (-8.00)
年度	yes	yes	yes	yes	yes	yes	yes	yes	yes	yes	yes	yes
行业	yes	yes	yes	yes	yes	yes	yes	yes	yes	yes	yes	yes
观测值	9 556	9 556	9 556	1 508	1 508	1 508	1 581	1 581	1 581	6 467	6 467	6 467
调整后 R^2	0.863	0.863	0.864	0.856	0.857	0.857	0.894	0.894	0.894	0.860	0.859	0.860

注：***，**，* 分别代表在 1%、5%、10% 的显著性水平上显著。

第（2）、（5）、（8）、（11）列为不同样本总盈余管理与高管晋升的回归结果。全样本 Prom 的回归系数为 0.008，在 1% 水平上显著，这表明国有企业总盈余管理与高管晋升显著正相关，即对国有企业来说，高管晋升会引发总盈余管理行为。公益类国企 Prom 的回归系数为 0.015 并在 1% 水平上显著，说明公益类国企高管晋升会诱发总盈余管理行为。商业 1 类国企和商业 2 类国企 Prom 的回归系数均不显著，说明商业类国企高管晋升不会诱发总盈余管理行为。

第（3）、（6）、（9）、（12）列为高管晋升与货币薪酬共同作用对总盈余管理的影响。第（3）列全样本回归结果显示，Com 的回归结果为 -0.007，在 1% 水平上显著，Prom 的回归系数为 0.126，在 1% 水平上显著，交乘项 Com × Prom 的回归系数为 -0.008，也在 1% 水平上显著。这表明高管晋升和货币薪酬两种激励措施共同运用可以降低总盈余管理水平。第（6）、（9）列公益类国企和商业 1 类国企回归结果显示，Com、Prom 和交乘项 Com × Prom 都与总盈余管理不相关。第（12）列商业 2 类国企回归结果与全样本回归结果相似。通过分析回归结果，我们可以得出结论，两种激励措施的结合运用降低了总盈余管理水平，在公益类国企，各种激励措施并不会诱发盈余管理行为，在商业 2 类国企，虽然高管晋升会诱发盈余管理行为，但货币薪酬对盈余管理行为的抑制作用占优势，两种激励措施的运用也会降低总盈余管理水平。

6.4.2 真实盈余管理各项目与高管激励

前面我们分析了真实盈余管理与高管激励的关系，因为真实盈余管理是根据异常现金流量（REM_CFO）、异常费用（REM_DIS）、异常生产成本（REM_PROD）计算得出，所以我们再进一步考察一下真实盈余管理各项目与高管激励之间的关系。

表 6-11 是真实盈余管理各具体指标与货币薪酬及高管晋升回归结果。根据 Panel A 回归结果可知，无论是在全样本还是在各类国企样本中，REM_CFO 与 Com 都显著负相关，而 REM_CFO 与 Com 都不相关。第（3）、（6）、（9）、（12）列显示两种激励措施共同作用下，货币薪酬仍然与 REM_CFO 负相关，两种激励措施的共同运用并不能降低 REM_CFO。第（6）列显示公益类国企中，在高管晋升和货币薪酬共同作用下，货币薪酬会降低 REM_CFO，高管晋升也会降低 REM_CFO，不过两者的共同作用使 REM_CFO 的降低幅度减小。

表6-11 真实盈余管理各具体指标与货币薪酬及高管晋升回归结果

Panel A: REM_CFO

变量	全样本			公益类国企			商业1类国企			商业2类国企		
	(1)	(2)	(3)	(4)	(5)	(6)	(7)	(8)	(9)	(10)	(11)	(12)
Com	-0.004*** (-14.70)		-0.004*** (-14.33)	-0.002*** (-4.47)		-0.003*** (-4.77)	-0.002*** (-2.71)		-0.002*** (-2.58)	-0.004*** (-13.84)		-0.004*** (-13.41)
Prom		-0.001 (-1.13)	-0.001 (-0.09)		0.000 (0.33)	-0.023* (-1.65)		-0.001 (-0.98)	0.011 (0.53)		-0.001 (-0.88)	0.004 (0.47)
Com × Prom			0.000 (0.01)			0.002* (1.67)			-0.001 (-0.59)			-0.000 (-0.52)
Roe	-0.010*** (-7.85)	-0.013*** (-10.86)	-0.010*** (-7.90)	0.000 (0.12)	-0.001 (-0.42)	0.000 (0.15)	-0.007** (-2.20)	-0.009*** (-2.96)	-0.007** (-2.23)	-0.011*** (-7.21)	-0.015*** (-9.97)	-0.011*** (-7.24)
Size	-0.002*** (-9.43)	-0.003*** (-16.30)	-0.002*** (-9.40)	0.001** (2.35)	0.000 (0.74)	0.001** (2.40)	-0.002*** (-3.60)	-0.002*** (-5.03)	-0.002*** (-3.58)	-0.002*** (-10.25)	-0.004*** (-17.07)	-0.002*** (-10.24)
CFO	0.959*** (518.08)	0.958*** (512.21)	0.959*** (518.06)	0.964*** (247.81)	0.964*** (246.09)	0.964*** (247.72)	0.956*** (204.23)	0.955*** (204.31)	0.957*** (203.95)	0.958*** (422.74)	0.957*** (416.38)	0.958*** (422.69)
Msh	-0.001*** (-2.63)	-0.001*** (-2.84)	-0.001*** (-2.64)	-0.001* (-1.68)	-0.001** (-2.08)	-0.001 (-1.64)	-0.001 (-1.46)	-0.001 (-1.46)	-0.001 (-1.45)	-0.000 (-0.94)	-0.000 (-0.90)	-0.000 (-0.94)
Dual	0.001 (1.43)	0.001 (1.02)	0.001 (1.39)	-0.000 (-0.01)	0.000 (0.15)	0.000 (0.00)	0.004*** (2.99)	0.004*** (2.89)	0.004*** (3.00)	0.001 (1.23)	0.000 (0.68)	0.001 (1.20)
Broad	-0.000 (-0.89)	-0.000* (-1.90)	-0.000 (-0.92)	-0.000 (-0.44)	-0.000 (-1.14)	-0.000 (-0.45)	-0.001*** (-5.88)	-0.001*** (-5.77)	-0.001*** (-5.92)	0.000** (2.29)	0.000 (1.18)	0.000** (2.28)

续表

Panel A：REM_CFO

变量	全样本			公益类国企			商业 1 类国企			商业 2 类国企		
	(1)	(2)	(3)	(4)	(5)	(6)	(7)	(8)	(9)	(10)	(11)	(12)
Inde	0.004 (1.35)	0.004 (1.38)	0.004 (1.34)	-0.010 (-1.59)	-0.011 (-1.60)	-0.010 (-1.56)	0.015* (1.88)	0.017** (2.11)	0.015* (1.88)	0.006 (1.49)	0.005 (1.33)	0.006 (1.49)
First	-0.006*** (-5.30)	-0.004*** (-3.64)	-0.006*** (-5.25)	-0.007*** (-3.74)	-0.006*** (-3.13)	-0.007*** (-3.80)	-0.015*** (-4.92)	-0.013*** (-4.43)	-0.014*** (-4.84)	-0.003** (-2.55)	-0.002 (-1.39)	-0.003** (-2.50)
Lev	-0.008*** (-9.43)	-0.006*** (-7.17)	-0.008*** (-9.41)	-0.009*** (-5.53)	-0.008*** (-4.80)	-0.009*** (-5.54)	-0.001 (-0.56)	-0.000 (-0.18)	-0.001 (-0.49)	-0.010*** (-8.69)	-0.007*** (-6.39)	-0.010*** (-8.69)
Growth	-0.018*** (-46.07)	-0.018*** (-45.47)	-0.018*** (-46.05)	-0.014*** (-21.00)	-0.014*** (-20.81)	-0.014*** (-20.97)	-0.020*** (-20.74)	-0.020*** (-20.63)	-0.020*** (-20.69)	-0.018*** (-36.54)	-0.018*** (-35.86)	-0.018*** (-36.50)
Audit	-0.005*** (-5.90)	-0.005*** (-6.23)	-0.005*** (-5.93)	-0.007*** (-4.63)	-0.007*** (-4.73)	-0.007*** (-4.58)	-0.002 (-1.03)	-0.002 (-1.06)	-0.002 (-1.06)	-0.005*** (-4.68)	-0.005*** (-4.99)	-0.005*** (-4.68)
Big4	0.001** (1.99)	0.001 (1.00)	0.001** (1.99)	-0.000 (-0.37)	-0.001 (-0.68)	-0.000 (-0.28)	-0.003* (-1.90)	-0.003** (-2.00)	-0.003* (-1.87)	0.002** (2.49)	0.001 (1.35)	0.002** (2.51)
Cons	0.048*** (11.61)	0.022*** (5.73)	0.048*** (11.35)	-0.008 (-1.10)	-0.029*** (-5.01)	-0.004 (-0.53)	0.042*** (3.96)	0.026*** (2.96)	0.041*** (3.79)	0.065*** (12.89)	0.038*** (8.04)	0.065*** (12.50)
年度	yes	yes	yes	yes	yes	yes	yes	yes	yes	yes	yes	yes
行业	yes	yes	yes	yes	yes	yes	yes	yes	yes	yes	yes	yes
观测值	9 574	9 574	9 574	1 512	1 512	1 512	1 584	1 584	1 584	6 478	6 478	6 478
调整后 R²	0.974	0.973	0.974	0.981	0.981	0.981	0.975	0.975	0.975	0.971	0.971	0.971

续表

Panel B：REM_DIS

变量	全样本			公益类国企			商业1类国企			商业2类国企		
	(1)	(2)	(3)	(4)	(5)	(6)	(7)	(8)	(9)	(10)	(11)	(12)
Com	0.017*** (17.02)		0.017*** (16.20)	0.004*** (2.68)		0.004*** (2.07)	0.000 (0.10)		-0.000 (-0.00)	0.022*** (16.57)		0.022*** (15.85)
Prom		-0.005*** (-2.71)	-0.049* (-1.69)		-0.007*** (-3.04)	-0.070* (-1.68)		-0.004 (-1.61)	-0.010 (-0.19)		-0.005* (-1.91)	-0.065* (-1.70)
Com×Prom			0.003 (1.54)			0.005 (1.52)			0.000 (0.11)			0.004 (1.58)
Roe	0.020*** (4.24)	0.035*** (7.48)	0.019*** (4.12)	-0.013 (-1.56)	-0.011 (-1.28)	-0.013 (-1.58)	0.010 (1.35)	0.009 (1.26)	0.009 (1.22)	0.026*** (4.08)	0.045*** (7.21)	0.025*** (4.01)
Size	-0.006*** (-9.46)	-0.002*** (-2.94)	-0.006*** (-9.40)	-0.009*** (-10.80)	-0.008*** (-10.51)	-0.009*** (-10.72)	-0.000 (-0.23)	-0.000 (-0.21)	-0.000 (-0.20)	-0.007*** (-6.71)	0.000 (0.03)	-0.006*** (-6.67)
CFO	0.109*** (15.33)	0.116*** (15.97)	0.110*** (15.34)	0.039*** (3.36)	0.040*** (3.44)	0.039*** (3.36)	0.110*** (9.52)	0.111*** (9.65)	0.111*** (9.60)	0.123*** (12.91)	0.130*** (13.40)	0.123*** (12.90)
Msh	0.004*** (3.15)	0.004*** (3.36)	0.004*** (3.13)	0.002 (0.93)	0.002 (1.11)	0.001 (0.90)	-0.001 (-0.63)	-0.001 (-0.61)	-0.001 (-0.61)	0.006*** (3.05)	0.005*** (2.93)	0.005*** (3.01)
Dual	0.000 (0.23)	0.001 (0.56)	0.000 (0.15)	-0.004 (-1.10)	-0.004 (-1.21)	-0.004 (-1.12)	0.006* (1.67)	0.006* (1.66)	0.006* (1.65)	0.000 (0.02)	0.001 (0.56)	-0.000 (-0.04)
Broad	-0.000 (-0.11)	0.000 (0.98)	-0.000 (-0.19)	-0.000 (-0.02)	0.000 (0.30)	-0.000 (-0.14)	0.002*** (3.20)	0.002*** (3.15)	0.002*** (3.14)	-0.001 (-1.56)	-0.000 (-0.28)	-0.001 (-1.60)

148 ◀-------- 激励目标异质性、高管激励与盈余管理

Panel B: REM_DIS

变量	全样本			公益类国企			商业1类国企			商业2类国企		
	(1)	(2)	(3)	(4)	(5)	(6)	(7)	(8)	(9)	(10)	(11)	(12)
Inde	-0.005 (-0.41)	-0.006 (-0.46)	-0.005 (-0.42)	0.042** (2.12)	0.043** (2.20)	0.044** (2.22)	0.020 (1.01)	0.019 (1.02)	0.020 (1.01)	-0.025 (-1.51)	-0.023 (-1.34)	-0.025 (-1.55)
First	0.003 (0.59)	-0.005 (-1.12)	0.003 (0.68)	-0.006 (-1.02)	-0.008 (-1.36)	-0.006 (-1.02)	0.019*** (2.62)	0.020*** (2.75)	0.020*** (2.70)	0.000 (0.04)	-0.007 (-1.18)	0.001 (0.11)
Lev	0.009*** (2.62)	0.000 (0.04)	0.009*** (2.63)	0.028*** (5.84)	0.026*** (5.46)	0.028*** (5.85)	-0.005 (-0.78)	-0.004 (-0.69)	-0.004 (-0.68)	0.007 (1.40)	-0.006 (-1.34)	0.007 (1.39)
Growth	0.026*** (17.04)	0.026*** (16.75)	0.026*** (17.08)	0.017*** (8.69)	0.017*** (8.62)	0.017*** (8.69)	0.035*** (14.50)	0.035*** (14.56)	0.035*** (14.54)	0.025*** (11.92)	0.025*** (11.57)	0.025*** (11.94)
Audit	-0.009*** (-3.01)	-0.008*** (-2.60)	-0.010*** (-3.11)	0.015*** (3.32)	0.016*** (3.50)	0.016*** (3.48)	-0.018*** (-3.56)	-0.018*** (-3.59)	-0.018*** (-3.59)	-0.013*** (-3.17)	-0.012*** (-2.77)	-0.014*** (-3.31)
Big4	0.007*** (3.32)	0.010*** (4.41)	0.007*** (3.30)	0.009*** (3.85)	0.010*** (4.00)	0.009*** (3.88)	-0.006* (-1.85)	-0.006* (-1.83)	-0.006* (-1.83)	0.012*** (3.74)	0.016*** (5.02)	0.012*** (3.70)
Cons	-0.083*** (-5.18)	0.036** (2.48)	-0.077*** (-4.68)	0.065*** (2.89)	0.103*** (5.95)	0.077*** (3.28)	-0.024 (-0.92)	-0.022 (-1.01)	-0.021 (-0.81)	-0.125*** (-5.86)	0.013 (0.64)	-0.117*** (-5.38)
年度	yes	yes	yes	yes	yes	yes	yes	yes	yes	yes	yes	yes
行业	yes	yes	yes	yes	yes	yes	yes	yes	yes	yes	yes	yes
观测值	9 574	9 574	9 574	1 512	1 512	1 512	1 584	1 584	1 584	6 478	6 478	6 478
调整后 R²	0.444	0.427	0.444	0.335	0.336	0.340	0.399	0.400	0.400	0.397	0.372	0.398

续表

Panel C：REM_PROD

变量	全样本			公益类国企			商业1类国企			商业2类国企		
	(1)	(2)	(3)	(4)	(5)	(6)	(7)	(8)	(9)	(10)	(11)	(12)
Com	-0.000 (-0.23)		-0.001 (-0.48)	0.006** (2.21)		0.006** (-2)	-0.008** (-2.26)		-0.008** (-2.19)	0.000 (0.04)		-0.000 (-0.20)
Prom		0.003 (1.14)	-0.042 (-1.11)		0.004 (0.91)	-0.023 (-0.31)		0.004 (0.67)	-0.000 (-0.00)		0.002 (0.65)	-0.049 (-1.06)
Com×Prom			0.003 (1.18)			0.002 (-0.36)			0.000 (0.03)			0.004 (1.11)
Roe	-0.144*** (-23.55)	-0.144*** (-23.99)	-0.144*** (-23.49)	-0.191*** (-13.18)	-0.187*** (-12.98)	-0.190*** (-13.16)	-0.145*** (-9.65)	-0.152*** (-10.32)	-0.145*** (-9.56)	-0.141*** (-18.89)	-0.141*** (-19.21)	-0.141*** (-18.85)
Size	0.003*** (3.54)	0.003*** (3.72)	0.003*** (3.52)	-0.003* (-1.89)	-0.002 (-1.17)	-0.003* (-1.90)	-0.001 (-0.50)	-0.003 (-1.48)	-0.001 (-0.51)	0.006*** (4.96)	0.006*** (5.43)	0.006*** (4.95)
CFO	-0.392*** (-42.37)	-0.392*** (-42.44)	-0.392*** (-42.38)	-0.413*** (-20.13)	-0.413*** (-20.08)	-0.413*** (-20.13)	-0.411*** (-17.99)	-0.417*** (-18.28)	-0.412*** (-17.98)	-0.377*** (-33.09)	-0.377*** (-33.12)	-0.377*** (-33.09)
Msh	0.002 (1.41)	0.002 (1.42)	0.002 (1.41)	0.008*** (2.80)	0.009*** (3.03)	0.008*** (2.83)	-0.003 (-0.82)	-0.003 (-0.83)	-0.003 (-0.82)	0.002 (0.75)	0.002 (0.75)	0.002 (0.74)
Dual	-0.000 (-0.06)	-0.000 (-0.04)	-0.000 (-0.03)	-0.005 (-0.82)	-0.005 (-0.89)	-0.005 (-0.81)	0.004 (0.53)	0.003 (0.46)	0.004 (0.53)	-0.001 (-0.34)	-0.001 (-0.32)	-0.001 (-0.32)
Broad	0.000 (0.02)	0.000 (0.03)	0.000 (0.04)	0.000 (0.41)	0.001 (0.81)	0 (-0.44)	0.003*** (2.88)	0.003*** (3.01)	0.003*** (2.89)	-0.001** (-2.08)	-0.001** (-2.07)	-0.001** (-2.08)

续表

Panel C：REM_PROD

变量	全样本			公益类国企			商业 1 类国企			商业 2 类国企		
	(1)	(2)	(3)	(4)	(5)	(6)	(7)	(8)	(9)	(10)	(11)	(12)
Inde	-0.044*** (-2.78)	-0.044*** (-2.78)	-0.044*** (-2.79)	0.039 (1.12)	0.038 (1.10)	0.038 (-1.1)	-0.082** (-2.16)	-0.076** (-1.98)	-0.082** (-2.15)	-0.054*** (-2.73)	-0.054*** (-2.73)	-0.054** (-2.74)
First	-0.003 (-0.59)	-0.003 (-0.61)	-0.004 (-0.65)	0.010 (0.98)	0.007 (0.66)	0.01 (-0.95)	0.044*** (3.01)	0.049*** (3.41)	0.043*** (2.97)	-0.017** (-2.51)	-0.017** (-2.55)	-0.017** (-2.54)
Lev	0.122*** (27.20)	0.122*** (27.55)	0.122*** (27.19)	0.110*** (12.98)	0.107*** (12.78)	0.110*** (-12.98)	0.147*** (12.59)	0.150*** (12.85)	0.147*** (12.52)	0.121*** (21.47)	0.121*** (21.76)	0.121*** (21.46)
Growth	-0.003 (-1.49)	-0.003 (-1.51)	-0.003 (-1.51)	-0.033*** (-9.40)	-0.033*** (-9.40)	-0.033*** (-9.38)	0.012** (2.52)	0.012** (2.51)	0.012** (2.50)	0.001 (0.23)	0.001 (0.21)	0.000 (0.20)
Audit	-0.012*** (-3.00)	-0.012*** (-2.97)	-0.012*** (-3.00)	-0.036*** (-4.48)	-0.036*** (-4.44)	-0.036*** (-4.49)	-0.032*** (-3.17)	-0.032*** (-3.16)	-0.032*** (-3.15)	-0.003 (-0.68)	-0.003 (-0.65)	-0.004 (-0.70)
Big4	0.004 (1.25)	0.003 (1.23)	0.003 (1.22)	0.006 (1.43)	0.007 (1.61)	0.006 (-1.47)	0.021*** (3.08)	0.021*** (2.98)	0.021*** (3.07)	0.001 (0.19)	0.001 (0.19)	0.001 (0.15)
Cons	-0.058*** (-2.82)	-0.061*** (-3.26)	-0.053** (-2.51)	-0.048 (-1.23)	0.006 (0.19)	-0.044 (-1.07)	0.028 (0.54)	-0.036 (-0.84)	0.027 (0.52)	-0.102*** (-4.02)	-0.102*** (-4.36)	-0.097*** (-3.71)
年度	yes	yes	yes	yes	yes	yes	yes	yes	yes	yes	yes	yes
行业	yes	yes	yes	yes	yes	yes	yes	yes	yes	yes	yes	yes
观测值	9 574	9 574	9 574	1 512	1 512	1 512	1 584	1 584	1 584	6 478	6 478	6 478
调整后 R^2	0.438	0.438	0.438	0.572	0.571	0.572	0.495	0.494	0.495	0.395	0.395	0.395

注：***、**、* 分别代表在 1%、5%、10% 的显著性水平上显著。

根据 Panel B 回归结果可知，除商业 1 类国企以外，无论是在全样本还是在其他各类国企样本中，REM_DIS 与 Com 都显著正相关，与 Prom 显著负相关。第（3）、（6）、（12）列显示，两种激励措施共同作用下，货币薪酬仍然与 REM_DIS 显著正相关，与 Prom 显著负相关，两种激励措施的共同运用并不能对 REM_DIS 产生影响。第（7）、（8）、（9）列显示，商业 1 类国企中，REM_DIS 与高管晋升和货币薪酬都不相关。

根据 Panel C 回归结果可知，全样本及各类国企分样本差别较大。第（1）、（4）、（7）、（10）列为各样本 REM_PROD 与货币薪酬回归结果。全样本和商业 2 类国企中，REM_PROD 与货币薪酬不相关，而公益类国企 REM_PROD 与货币薪酬正相关，商业 1 类国企 REM_PROD 与货币薪酬负相关。第（2）、（5）、（8）、（11）列为 REM_PROD 与高管晋升回归结果，各样本没有差别，REM_PROD 与高管晋升均不相关。第（3）、（6）、（9）、（12）列显示，两种激励措施相互作用后，全样本和商业 2 类国企 REM_PROD 与高管晋升、货币薪酬均不再相关，公益类国企 REM_PROD 与货币薪酬仍然正相关，商业 1 类国企 REM_PROD 与货币薪酬仍然负相关。各类国企回归结果差异较大，表明了各类国企生产成本、经营成本、存货情况差异较大，这也是将来高管对企业日常生产经营管理需要重点关注的领域。

6.5　研究结论和研究意义

本章运用 2003～2017 年 A 股非金融国有企业的数据，同时以应计盈余管理与真实盈余管理为研究对象，基于国企分类的视角，全面考察了管理层激励对盈余管理行为的影响。研究结果显示，在公益类国企，货币薪酬和晋升激励不会引发高管应计盈余管理行为；在商业类国企，货币薪酬和晋升激励会引发高管应计盈余管理行为，两者的差异主要是公益类国企货币薪酬业绩敏感性较商业类国企差，且公益类国企高管晋升与财务业绩不相关。同时，研究结果还显示，在公益类国企，货币薪酬对真实盈余管理行为不存在抑制效应，而在商业类国企，货币薪酬可以抑制真实盈余管理行为；无论是在公益类国企还是在商业类国企，晋升激励都会引发真实盈余管理行为，但公益类国企晋升引发真实盈余管理程度更高。晋升激励和货币薪酬的共同运用会抵消对盈余管理的影响，综合运用两种激励措施效果较只运用一种成本要低。最后我们还进一步研究了总盈余管理及真实盈余管理各项目与管理层激励的关系。我们发现，各类国企盈余管理水平都不高，在公益类国企中，晋升激励和货币薪酬共同运用并不会诱发盈余管理行为，而在商业2类国企中，虽然高管晋升会诱发盈余管理行为，但货币薪酬对盈余管理行为的抑制作用居于主导，两者的相互作用减弱了高管晋升对盈余管理的影响。我们还发现，不同类别国企中，真实盈余管理各项目与管理层激励的关系差异比较大，这为管理层以后的经营管理及从源头上抑制盈余管理行为提供了思路和方向。

本章的研究意义在于：第一，丰富了盈余管理相关文献。首先，本章从国企分类改革出发，为盈余管理的研究提供了新的视角。《决定》和《指导意见》根据国企的功能定位将国企分为了公益类国企、商业类国企，两类国企经营目标、经营领域、社会功能各有侧重。本章基于国企分类的视角，考察了不同类别国企高管激励与盈余管理之间关系的差别。公益类国企经营目标不仅是企业价值最大化，还要承担非经济目标，所以其货币薪酬业绩敏感性较商业类企业差，且高管晋升考核指标不仅仅是财务业绩，因此公益类国企激励机制作用机理不同于商业类国企，高管激励与盈余管理的关系也存在差异。其次，本章全面研究了不同类型的盈余管理。以往研究大都是以应计盈余管理作为研究对象，本章以应计盈余管理和真实盈余管理为研究对象，还进一步分析了总盈余管理和真实盈余管理各组成部分与高管激励之间的关系，使我们对盈余管理有了更全面更翔实的了解。第二，为国企激励机制的完善及激励契约的设计提供了参考。国企采用哪些激励措施及每种激励措施的考核指标是激励契约的重要内容。本章从经济后果的角度验证了多种激励措施能提升激励效果，降低激励成本。通过本章的研究可知，公益类国企高管晋升会诱发真实盈余管理，但货币薪酬和高管晋升的共同作用可以抵消对盈余管理的影响；商业类国企高管晋升会诱发真实盈余管理，但货币薪酬对盈余管理有抑制作用，货币薪酬和高管晋升的共同作用可以降低对盈余管理的影响。研究结果表明，两种激励措施的共同运用可以降低激励成本，提升激励效果，这为激励契约的设计提供了有力参考。第三，为国企分类改革提供了实证证据。本章从经济后果的角度验证了不同类型国企经营目标、激励措施的差异，佐证了国企分类改革政策的必要性和合理性。

第7章 研究结论与政策建议

7.1 研究结论

本书在国企深化改革的背景下，基于国企分类的视角，探究了国企高管激励契约有效性及其经济后果，并得出以下结论。

第一，国企整体建立起了业绩型薪酬，薪酬业绩敏感性较强，但公益类国企由于承担诸如冗员负担、过度投资等非经济目标，导致其薪酬业绩敏感性低于商业类国企。

辛清泉等（2007）的研究指出国企的薪酬制度逐步引入了市场化因素，具有业绩型薪酬的特点，薪酬与业绩的敏感性随时间的推移而逐步加强（方军雄，2009）。薪酬成为激励高管努力提升企业业绩、实现企业价值最大化这一经济目标的有效方式。但薪酬业绩敏感性强的前提是企业经营目标为价值最大化，如果企业经营目标并非或者并不完全如此，那么高管的考核可能就不会，也不应该完全基于公司业绩，即企业经营目标构成了高管激励契约的基础（Gibbons，1998）。首先，根据相关文件的指导精神可知，公益类国有企业以保障民生、服务社会、提供公共产品和服务为主要目标，商业类国有企业按照市场化要求实行商业化运作，以增强国有经济活力、放大国有资本功能、实现国有资产保值增值为主要目标，两类国企的市场功能定位、经营目标不同，公益类国企承担更多的非经济目标。公益类国企经营目标的多元化，导致高管薪酬激励的目标也不仅是提升业绩，还包括完成多重非经济目标，如服从国民经济发展战略规划、宏观调控、就业和维护社会稳定等，因此薪酬业绩敏感性不高也就顺理成章。其次，企业多重经营目标之间可能会发生冲突。高管把更多的时间和精力及企业资源用于完成非经济目标，使资源流向非效率领域很可能对公司业绩产生负面影响，割裂了高管努力程度与企业业绩之间的相关关系，不利于业绩薪酬契约的实施。

本书基于激励目标异质性验证不同类别国企薪酬业绩敏感性差异及作用机理。首先，以薪酬业绩敏感性衡量薪酬契约有效性，验证不同类别国企薪酬业绩敏感性差异，结果表明，公益类国企薪酬业绩敏感性较商业类国企差；其次，检验异质性激励目标对薪酬契约有效性的影响，结果表明，公益类国企由于执行非经济目标（冗员负担和过度投资），从而降低了薪酬业绩敏感性。

第二，晋升激励是货币薪酬激励的有效补充，公益类国企晋升激励的考核指标主要是非经济指标，而商业类国企晋升激励的考核指标主要是业绩指标。

总的来说，高管激励存在两种形式：一是以货币薪酬为代表的显性激励；二是以晋升为代表的隐性激励。在中国的经济环境和制度环境下，晋升激励对国有企业尤为重要。已有相关文件对高管货币薪酬的确定、高管年度考核和任期考核的财务指标规定得十分清晰，货币薪酬具有了业绩型薪酬的特点（辛清泉，2007）。但业绩究竟如何对晋升产生影响，仅有业绩评价结果是高管"职务任免重要依据"这样含义模糊的表述（丁肇启、萧鸣政，2018），财务业绩在高管晋升中的地位和作用尚未厘清。晋升激励这种激励方式从采用之初起，其初衷并不仅是提升企业业绩，而是要激励高管完成非经济目标。国企尽管都有国有资本控股或参股，但其规模、股权结构、治理结构、涉足领域、所在地域、经济地位存在巨大差异。尽管国企承担社会目标等非经济目标，但并不是每一个国企都承担所有的非经济目标，并不是每一个国企以相同的比重承担各个非经济目标，尽管都是国企，其承担非经济目标的情形也存在差异。公益类国企和商业类国企经营目标、战略定位、股权结构、经营范围等存在差异，因此晋升激励的考核机制也可能存在差异。

本书基于国企分类的视角，采用配对样本的方法，以高管不变为基准，研究了财务业绩和承担非经济目标对高管晋升和降职的影响。研究结果发现，总体来看财务业绩和承担非经济目标与高管晋升正相关，但公益类国企高管晋升只与承担非经济目标正相关，商业类国企高管晋升只与财务业绩正相关。财务业绩和高管降职负相关，各类国企没有差别。公益类国企高管降职与承担非经济目标负相关，商业类国企与承担非经济目标不相关。本书研究表明公益类国企高管晋升的激励目标是实现非经济目标，而商业类国企高管晋升的激励目标是实现企业价值最大化，两类国企经营目标各有侧重。

第三，契约动机是盈余管理的重要动机之一，但公益类国企与商业类国企激励契约导致的盈余管理行为存在差异。

长期以来，设计良好的高管激励契约被认为是实现经理人目标和股东目标兼容的主要机制之一（Jensen and Meckling，1976；Jensen and Murphy，1990），可以激励管理层努力经营，提升企业业绩。但瓦茨和齐默尔曼（Watts and Zimmerman，1978）指出，绩效型薪酬契约很可能诱导高管实施机会主义盈余管理，操纵会计业绩来获取最优私人利益，进而降低绩效型薪酬契约抑制代理问题的有效性。高管之所以要操纵盈余进行盈余管理，是因为其个人利益如股票期权、货币薪酬、晋升激励都与企业财务业绩挂钩，这符合国外的制度背景和微观环境。但我国经济环境、制度背景、企业特性不同于国外，我国的国有企业不仅以盈利为目标，还肩负着经济增长、解决就业、社会稳定等非经济目标，国企薪酬业绩敏感性较以盈利为唯一目的的民营企业差。同时国企本身也存在差异，公益类国企以保障民生、服务社会、提供公共产品和服务为主要目标，引入市场机制，提高公共服务效率和能力，其经营目标不仅仅是为了盈利，商业类国企按照市场化要求实行商业化运作，以增强国有经济活力、放大国有资本功能、实现国有资产保值增值为主要目标。不同类别国企经营目标各有侧重，不仅仅以盈利作为企业的唯一目标，因此不同类别国企中各种激励措施也不完全与财务业绩挂钩，其盈余管理状况存在差别。

本书同时以应计盈余管理与真实盈余管理为研究对象，基于国企分类的视角，全面考察了管理层激励对盈余管理行为的影响。研究结果表明，在公益类国企，货币薪酬和晋升激励不会引发高管应计盈余管理行为；在商业类国企，货币薪酬和晋升激励会引发高管应计盈余管理行为，两者的差异主要是公益类国企货币薪酬业绩敏感性较商业类国企差，且公益类国企高管晋升与财务业绩不相关。同时，研究结果还显示，在公益类国企，货币薪酬对真实盈余管理行为不存在抑制效应，而在商业类国企，货币薪酬可以抑制真实盈余管理行为；无论是公益类国企还是商业类国企，晋升激励都会引发真实盈余管理行为，但公益类国企晋升引发真实盈余管理程度更高。晋升激励和货币薪酬的共同运用会抵消对盈余管理的影响，综合运用两种激励措施较只运用一种成本低。最后我们还进一步研究了总盈余管理及真实盈余管理各项目与管理层激励的关系。我们发现，各类国企盈余管理水平都不高，在公益类国企中，晋升激励和货币薪酬共同运用并不会诱发盈余管理行为，而在商业 2 类国企中，虽然高管晋升会诱发盈余管理行为，但货币薪酬对盈余管理行为的抑制作用居于主导地位，两者的相互作用减弱了高管晋升对盈余管理的影响。我们还发现，不同类别国企中，真实盈余管理各项目与管理层激励的关系差异比较大，这为管理层以后的经营管理及从源头上抑制盈余管理提供了思路和方向。

7.2 政策建议

结合本书的研究结论，提出以下政策建议。

7.2.1 坚持分类改革分类治理的政策方向

我国的国有企业既要承担调控市场经济、弥补市场失灵、提供公共产品的使命，又要承担减少失业、维护社会稳定的使命，还要承担促进经济增长、提高企业效率、实现国有资产保值增值等盈利性使命，而这些使命之间存在矛盾和冲突。公共性是国有企业最本质的属性，由于公共品的非排他性和非竞争性属性，无法靠市场规律调节保证公共产品的生产和供应，但公共产品又是一国国民的生活必需品，体现一个国家的福利水平和经济发展水平，因此只能由政府提供。政府成立国有企业建立诸多基础设施提供公共产品，其本身就不是以盈利为目的；国企为了维持社会稳定而承担冗员，降低了企业生产率增加了企业成本会降低企业盈利水平。国企各种使命之间存在矛盾冲突，承担公共责任和社会责任往往以牺牲企业的盈利性为代价，因此国企才在发展中出现种种问题和困难，国企改革才举步维艰，要想使国企持续健康发展，国企分类改革迫在眉睫。

国企分类改革很好地解决了国企承担使命和责任矛盾冲突的问题。通过界定功能、划分类别，实行分类改革、分类发展、分类监管、分类定责、分类考核，提高改革的针对性、监管的有效性、考核评价的科学性，推动国有企业同市场经济深入融合，促进国有企业经济效益和社会效益有机统一；并对两类国企的经营目标、组织形式、经营范围等做了清晰的界定，完善了国企分类改革的理论体系和顶层设计。公益类国企以支持企业更好地保障民生、服务社会、提供公共产品和服务为导向，坚持把社会效益放在首位，这体现了国企的公共性特征；商业类国企以增强国有经济活力、放大国有资本功能、实现国有资本保值增值为导向，重点考核企业经济效益，这体现了国企的盈利性。国企分类改革可以有效解决现存国企经营目标、担负使命存在矛盾冲突的问题，而且可以解决国企高管激励措施缺乏有效性的问题。国企分类改革实践，既考虑国企的盈利性，又考虑国企的公益性和社会性，使不同国企承担不同的经营目标和使命，实现分类治理、分类发展、分类考核、分类定责。国企分类改革有利于国企深化改革进程，是未来国企发展的方向。

7.2.2 构建差异化的高管激励考核标准

7.2.2.1 在高管业绩考核中增加反映承担政治责任、社会责任的非经济指标

2003 年颁布的《中央企业负责人经营业绩考核办法》经过以后多次修订，高管业绩考核采取年度考核与任期考核相结合的办法，但无论是年度考核指标如净资产收益率、利润总额、经济增加值，还是任期考核指标如主营业务收入增长率、国有资本保值增值率、总资产周转率全部都是财务指标，财务指标成为高管业绩考核的唯一标准。但这与国企承担职责及高管角色定位本身并不相符。薪酬与财务业绩挂钩的前提是企业经营目标为价值最大化，如果企业经营目标并非或者并不完全如此，那么高管的考核可能就不会，也不应该完全基于公司业绩，即企业经营目标构成了高管激励契约的基础

（Gibbons，1998）。我国的国有企业经营目标具有多元化特点，除了承担盈利性经济目标外，还要承担经济增长、解决就业、社会稳定等非经济目标，既然国企的经营目标不仅仅是盈利性目标，那考核标准也不应该仅仅是财务指标，应该增加反映承担政治责任、社会责任的非经济指标。

根据本书的研究结论可知，公益类国企为了完成社会责任和政治责任而承担冗员、过度投资，降低了薪酬业绩敏感性，公益类国企的经营目标侧重社会目标，高管为了完成企业的非经济目标而影响了盈利性目标，并不能因为高管未完成经济目标而降低其薪酬，因此应该增加非经济考核指标，这样才能激励高管完成企业的非经济目标，承担社会责任和政治责任。

7.2.2.2　不同激励措施侧重不同的考核指标

已有相关文件对高管货币薪酬的确定、高管年度考核和任期考核的财务指标规定得十分清晰，货币薪酬具有了业绩型薪酬的特点（辛清泉，2007）。但业绩究竟如何对晋升产生影响，仅有业绩评价结果是高管"职务任免重要依据"这样含义模糊的表述（丁肇启、萧鸣政，2018），财务业绩在高管晋升中的地位和作用尚未厘清。通过本书对国企薪酬业绩敏感性的研究可知，不同类别国企货币薪酬与财务业绩都显著正相关，只是薪酬业绩敏感性存在差异。由此可知，财务业绩在高管货币薪酬中起决定性作用，因此货币薪酬激励考核中以财务业绩指标为主，其他指标为辅。通过本书对晋升激励决定因素的研究可知，公益类国企高管晋升与财务业绩无关，而与非经济指标正相关，商业类国企高管晋升与财务业绩正相关，与非经济指标不相关。由此可知，不同类别国企晋升激励的决定因素不同，但主要的两类考核指标为财务业绩指标和非经济指标，因此晋升激励考核中应把非经济指标和财务业绩指标放在同等重要的地位。

7.2.2.3　不同类别国企侧重不同的考核指标

企业经营目标构成了高管激励契约的基础，所有激励措施的目的都是激励高管完成企业的经营目标。根据相关文件规定可知，公益类国有企业以保障民生、服务社会、提供公共产品和服务为主要目标，其经营目标更多体现国企的社会性；商业类国有企业按照市场化要求实行商业化运作，以增强国有经济活力、放大国有资本功能、实现国有资产保值增值为主要目标，其经营目标更多体现国企的盈利性。两类国企的经营目标不同，则高管的考核标准也不同。根据本书对薪酬业绩敏感性及高管晋升激励决定因素的研究可知，公益类国企薪酬业绩敏感性低于商业类国企，即在货币薪酬决定中，公益类国企财务业绩指标重要性低于商业类国企；但公益类国企比商业类国企承担了更多的非经济目标从而降低了薪酬业绩敏感性。公益类国企晋升激励与财务业绩指标不相关，但与代表承担社会责任和政治责任的非经济指标正相关；而商业类国企晋升激励与财务业绩指标正相关，与非经济指标不相关。由此可知，在商业类国企，无论是货币薪酬高低还是高管晋升与否，财务业绩指标都起到至关重要的作用，因此商业类国企应更侧重财务业绩指标的考核；在公益类国企，无论是货币薪酬高低还是高管晋升与否，非经济指标都起到至关重要的作用，因此公益类国企应更侧重非经济指标的考核。

7.2.3　构建激励相容的有效高管激励体系

总的来说，高管激励存在两种形式：一是以货币薪酬为代表的显性激励；二是以晋升为代表的隐性激励。在我国的制度背景下，货币薪酬激励效果不同于国外发达资本主义国家，因而其他激励方式如晋升等相应出现并作为货币薪酬激励的补充，与货币薪酬共同构成我国的激励体系。通过本书对薪酬业绩敏感性、晋升决定因素及盈余管理的研究可知，公益类国企薪酬业绩敏感性虽然低于商业类国企，但存在显著正相关关系，晋升激励与业绩无关而与非经济指标正相关，由此可知，货币薪酬的激励目标是提升企业财务业绩，高管晋升激励目标是承担政治责任和社会责任，两种激励措施的激励目标不同。公益类国企主要体现国企的社会性，其经营目标侧重提供公共产品和服务，因此公益类国企应建立以晋升激励为主、货币薪酬激励为辅，两者相结合的激励体系。商业类国企薪酬业绩敏感性显著为正且高于公益类国企，晋升激励与财务业绩显著正相关，货币薪酬和晋升激励的激励目标都是提升企业财务业绩，两者交互作用能降低整体盈余管理水平，因此两者相辅相成不可或缺。因此，商业类国企应建立晋升激励和货币薪酬相结合的激励相容体系。

7.3 研究不足和未来展望

7.3.1 界定国企类别

党的十八届三中全会及 2015 年印发的《指导意见》指出将国有企业分为商业类和公益类两类，但并没有列出权威清单明确每个国企所属类别，而是要求国企根据主营业务和核心业务范围自行归类，这可能造成不同主体归类产生差异。本书在研究过程中，也是通过查阅国企的主营业务和核心业务范围对国企进行归类，有可能产生一定的误差。对上述问题国家出台了《关于国有企业功能界定与分类的指导意见》等文件，为我们解决上述问题提供了政策指引，为本书提供了研究基础；同时，本书的主要目标是比较公益类和完全竞争商业类国企，因为完全竞争类国企最能代表商业类国企的特点，本书在进行国企分类时分了三类，包括公益类、特殊功能类和完全竞争类，将既有公益类企业特点又具有完全竞争类企业特点或分类有异议的国企全部归为特殊功能类国企，这样保证了公益类国企和完全竞争类国企样本的干净度，从而保证研究结论的正确性。

7.3.2 非经济指标选择

本书用冗员负担和过度投资衡量国企承担的政治责任和社会责任，在相关理论研究中，可选择的指标很多，如社会责任、GDP 等，本书只选择了其中两个，在以后的研究中，还可以对本书的研究进行扩展，从其他角度、用其他指标进行研究。

7.3.3 激励方式选择

本书选择了货币薪酬和晋升激励两种激励措施作为高管激励体系的代表，但激励体系不仅包括这两种激励措施，还包括股权激励等激励方式，本书没有涉及，这也是以后笔者的研究方向，从国企分类的视角，研究其他激励方式的有效性。

参考文献

［1］步丹璐，张晨宇，林腾．晋升预期降低了国有企业薪酬差距吗？
［J］．会计研究，2017（1）：82 - 88.

［2］曹伟，杨德明，赵璨．政治晋升预期与高管腐败——来自国有上市
公司的经验证据［J］．经济学动态，2016（2）：59 - 77.

［3］陈冬华，陈信元，万华林．国有企业中的薪酬管制与在职消费
［J］．经济研究，2005（2）：92 - 101.

［4］陈冬华，梁上坤，蒋德权．2010. 不同市场化进程下高管激励契约
的成本与选择：货币薪酬与在职消费［J］．会计研究，（11）：56 - 64.

［5］陈庆，安林．完善国有资产管理体制研究［J］．首都经济贸易大学
学报，2014（1）：33 - 40.

［6］陈霞，马连福，丁振松．国企分类治理、政府控制与高管薪酬激励——
基于中国上市公司的实证研究［J］．管理评论，2017，29（3）：147 - 156.

［7］陈小悦，肖星，过晓艳．配股权与上市公司利润操纵［J］．经济研
究，2000（1）：30 - 36.

［8］陈信元，陈冬华，万华林，梁上坤．地区差异、薪酬管制与高管腐
败［J］．管理世界，2009（11）：130 - 143.

［9］丁友刚，宋献中．政府控制、高管更换与公司业绩［J］．会计研
究，2011（6）：70 - 76.

［10］丁肇启，萧鸣政．年度任期、任期业绩与国企高管晋升［J］．南
开管理评论，2018（3）：142 - 151.

［11］董辅礽．从企业功能着眼 分类改革国有企业［J］．改革，1995
（4）：32 - 38.

［12］杜兴强，王丽华．高层管理当局薪酬与上市公司业绩的相关性实
证研究［J］．会计研究，2007（1）：56 - 65.

［13］杜兴强，王丽华．高管薪酬与企业业绩相关性影响因素分析——基于股权结构、行业特征及最终控制人性质的经验证据［J］．上海立信会计学院学报，2009（1）：53-65.

［14］方军雄．我国上市公司高管的薪酬存在粘性吗［J］．经济研究，2009（3）：110-124.

［15］方军雄．高管权力与企业薪酬变动的非对称性［J］．经济研究，2011（4）：107-120.

［16］樊纲，王小鲁，朱恒鹏．中国市场化指数——各地区市场化相对进程2009年报告［M］．北京：经济科学出版社，2010：165-180.

［17］冯根福，赵珏航．管理者薪酬、在职消费与公司绩效——基于合作博弈的分析视角［J］．中国工业经济，2012（6）：147-158.

［18］傅颀，邓川．高管控制权、薪酬与盈余管理［J］．财经论丛，2013（7）：66-72.

［19］高明华，杜雯翠．国企如何分类改革和治理［J］．改革内参，2013（46）：32-38.

［20］高明华，杜雯翠．国有企业负责人监督体系再解构分类与分层［J］．改革，2014（12）：63-68.

［21］耿云江，王明晓．超额在职消费、货币薪酬业绩敏感性与媒体监督——基于中国上市公司的经验证据［J］．会计研究，2016（9）：55-61.

［22］顾斌，周立烨．我国上市公司股权激励实施效果的研究［J］．会计研究，2007（2）：79-84.

［23］郝项超．高管薪酬、政治晋升激励与银行风险［J］．财经研究，2015，41（6）：94-106.

［24］郝颖，辛清泉，刘星．地区差异、企业投资与经济增长质量［J］．经济研究，2014（3）：101-114.

［25］何威风，熊回，玄文琪．晋升激励与盈余管理行为研究［J］．中国软科学，2013（10）：111-123.

［26］黄群慧，余菁．新时期的新思路：国有企业分类改革与治理［J］．中国工业经济，2013（11）：38-51.

［27］黄群慧，黄速建．论新时期全面演化国有经济改革重大任务［J］．

中国工业经济, 2017 (9): 5-24.

[28] 简建辉. 经理人激励与公司过度投资——来自中国 A 股的经验证据 [J]. 经济管理, 2011 (4): 87-95.

[29] 蒋涛, 刘运国, 徐悦. 会计业绩信息异质性与高管薪酬 [J]. 会计研究, 2014 (3): 18-25.

[30] 姜付秀, 朱冰, 王运通. 国有企业的经理激励契约更不看重绩效吗? [J]. 管理世界, 2014 (9): 143-159.

[31] 蓝定香. 建立现代产权制度与国有企业分类改革 [J]. 经济体制改革, 2006 (1): 45-50.

[32] 李维安. 分类治理: 国企深化改革之基础 [J]. 南开管理评论, 2014 (5): 1.

[33] 李维安, 刘绪光, 陈靖涵. 经理才能、公司治理与契约参照点 [J]. 南开管理评论, 2010 (2): 4-15.

[34] 李文洲, 冉茂盛, 黄俊. 大股东掏空视角下的薪酬激励与盈余管理 [J]. 管理科学, 2014 (6): 27-39.

[35] 李延喜, 包世泽, 高锐, 孔宪京. 薪酬激励、董事会监管与上市公司盈余管理 [J]. 南开管理评论, 2007 (2): 55-61.

[36] 李增福, 董志强, 连玉君. 应计盈余管理还是真实盈余管理? ——基于我国 2007 年所得税改革的研究 [J]. 管理世界, 2011 (1): 121-134.

[37] 李增泉. 激励机制与企业绩效——一项基于上市公司的实证研究 [J]. 会计研究, 2000 (1): 24-30.

[38] 梁上坤, 陈冬华. 业绩波动性与高管薪酬契约选择——来自中国上市公司的经验证据 [J]. 金融研究, 2014 (1): 167-179.

[39] 廖冠民, 张广婷. 盈余管理与国有公司高管晋升效率 [J]. 中国工业经济, 2012 (4): 115-127.

[40] 廖冠民, 沈红波. 国有企业的政策性负担: 动因、后果及治理 [J]. 中国工业经济, 2014 (6): 96-108.

[41] 廖红伟, 杨良平. 国有企业经理人薪酬激励机制深化改革研究 [J]. 财经问题研究, 2017 (1): 108-156.

[42] 林毅夫，李志赟．政策性负担、道德风险与预算软约束 [J]．经济研究，2004（2）：17 – 27．

[43] 刘纪鹏．国有资产监管体系面临问题及其战略构架 [J]．改革，2010（9）：15 – 20．

[44] 刘青松，肖星．败也业绩，成也业绩？——国企高管变更的实证研究 [J]．管理世界，2015（3）：151 – 163．

[45] 刘青松，肖星．国有企业高管的晋升激励和薪酬激励——基于高管双重身份的视角 [J]．技术经济，2015（2）：93 – 100．

[46] 刘绍娓，万大艳．高管薪酬与公司绩效：国有与非国有企业的实证比较研究 [J]．中国软科学，2013（2）：80 – 101．

[47] 刘星，徐光伟．政府管制、管理层权力与国企高管薪酬刚性 [J]．经济科学，2012（1）：86 – 102．

[48] 刘子君，刘智强，廖建桥．上市公司高管团队薪酬差距影响因素与影响效应：基于本土特点的实证研究 [J]．管理评论，2011，23（9）119 – 127．

[49] 卢锐．管理层权力、薪酬与业绩敏感性分析——来自中国上市公司的经验证据 [J]．当代财经，2008（7）：107 – 112．

[50] 卢锐，柳建华，许宁．内部控制、产权与高管薪酬业绩敏感性 [J]．会计研究，2011（10）：42 – 48．

[51] 卢馨，何雨晴，吴婷．国企高管政治晋升激励是长久之计吗 [J]．经济管理，2016（7）：94 – 106．

[52] 罗宏，宛玲羽，刘宝华．国企高管薪酬契约操纵研究 [J]．财经研究，2014（4）：79 – 89．

[53] 罗宏，曾永良，刘宝华．国有企业高管薪酬、公司治理与费用粘性 [J]．经济经纬，2015（2）：99 – 104．

[54] 罗知，赵奇伟，严兵．约束机制和激励机制对国有企业长期投资的影响 [J]．中国工业经济，2015（10）：69 – 84．

[55] 吕长江，郑慧莲，严明珠，许静静上市公司股权激励制度设计：是激励还是福利 [J]．管理世界，2009（9）：133 – 147．

[56] 马永强，张泽南．限薪令效应、国企高管薪酬与真实活动盈余管

理 [R]. 四川：中国会计学会，2013.

[57] 缪文卿. 国有企业企业家激励制度的变迁——兼与周其仁商榷 [J]. 改革，2006 (11)：112 –115.

[58] 秦晓蕾，杨东涛. 职业价值观与绩效：薪酬与晋升政治知觉的中介作用研究 [J]. 经济管理，2011 (1)：57 –62.

[59] 曲亮，马帅，张书元. 分类治理视角下国有企业高管薪酬激励机制研究 [J]. 北京工商大学学报，2016 (6)：74 –82.

[60] 权小锋，吴世农，文芳. 管理层权力、私有收益与薪酬操纵 [J]. 经济研究，2010 (11)：73 –87.

[61] 汝毅，郭晨曦，吕萍. 高管股权激励、约束机制与对外直接投资速率 [J]. 财经研究，2016 (3)：4 –15.

[62] 斯蒂芬·P. 罗宾斯，玛丽·库尔特. 管理学 [M]. 北京：中国人民大学出版社，2003.

[63] 苏冬蔚，林大庞. 股权激励、盈余管理与公司治理 [J]. 经济研究，2010 (11)：88 –100.

[64] 王兵，卢锐，徐正刚. 薪酬激励治理效应研究——基于盈余质量的视角 [J]. 山西财经大学学报，2009 (7)：67 –73.

[65] 王飞鹏. 国际金融危机背景下一些国家企业高管薪酬改革的做法与启示 [J]. 经济纵横，2010 (2)：102 –105.

[66] 王曾，符国群，黄丹阳，汪剑锋. 国有企业 CEO "政治晋升" 与 "在职消费" 关系研究 [J]. 管理世界，2014 (5)：157 –171.

[67] 魏刚. 高级管理层激励与上市公司经营绩效 [J]. 经济研究，2000 (3)：32 –39.

[68] 肖星，陈婵. 激励水平、约束机制与上市公司股权激励计划 [J]. 南开管理评论，2013 (1)：24 –32.

[69] 谢志华，胡鹰. 国有资产管理：从管资产到管资本 [J]. 财务与会计：理财版，2014 (7)：67 –70.

[70] 辛清泉，林斌，王彦超. 政府控制、经理薪酬与资本投资 [J]. 经济研究，2007 (8)：110 –122.

[71] 辛清泉，谭伟强. 市场化改革、企业业绩与国有企业经理薪酬

[J]. 经济研究, 2009 (11): 68 - 80.

[72] 徐细雄. 晋升与薪酬的治理效应: 产权性质的影响 [J]. 经济科学, 2012 (2): 102 - 116.

[73] 薛云奎, 白云霞. 国家所有权、冗余雇员与公司业绩 [J]. 管理世界, 2008 (10): 96 - 105.

[74] 晏艳阳, 金鹏. 委托人公平偏好下国企高管的最优激励组合 [J]. 财经研究, 2012 (12): 128 - 139.

[75] 杨大光, 朱贵云, 武治国. 我国上市银行高管薪酬和经营绩效相关性研究 [J]. 金融论坛, 2008 (8): 9 - 13.

[76] 杨瑞龙, 王元, 聂辉华. "准官员" 的晋升机制: 来自中国央企的证据 [J]. 管理世界, 2013 (3): 23 - 33.

[77] 杨瑞龙, 张宇, 韩小明, 雷达. 国有企业的分类改革战略 [J]. 教学与研究, 1998 (2): 42 - 50.

[78] 杨志强, 王华. 公司内部薪酬差距、股权集中度与盈余管理行为——基于高管团队内和高管与员工之间薪酬的比较分析 [J]. 会计研究, 2014 (6): 57 - 65.

[79] 余明桂, 李文贵, 潘洪波. 民营化、产权保护与企业风险程度 [J]. 经济研究, 2013 (9): 112 - 124.

[80] 袁知柱, 郝文瀚, 王泽燊. 管理层激励对企业应计与真实盈余管理行为影响的实证研究 [J]. 管理评论, 2014 (10): 181 - 196.

[81] 曾庆生, 陈信元. 国家控股、超额雇员与劳动力成本 [J]. 经济研究, 2006 (5): 74 - 86.

[82] 谌新民, 刘善敏. 上市公司经营者报酬结构性差异的实证研究 [J]. 经济研究, 2003 (8): 55 - 63.

[83] 张必武, 石金涛. 董事会特征、高管薪酬与薪绩敏感性 [J]. 管理科学, 2005 (8): 32 - 39.

[84] 张洪辉, 章琳一. 高管晋升激励与财务舞弊——来自上市公司的经验证据 [J]. 经济管理, 2017 (4): 176 - 193.

[85] 张娟, 黄世忠. 盈余管理异质性、公司治理和高管薪酬——基于中国上市公司的实证研究 [J]. 经济管理, 2014 (9): 79 - 90.

[86] 张霖琳，刘峰，蔡贵龙. 监管独立性、市场化进程与国企高管晋升机制的执行效果 [J]. 管理世界，2015（10）：117 – 131.

[87] 张淑敏. 国有企业分类改革的目标模式探讨 [J]. 财经问题研究，2000（8）：26 – 31.

[88] 张雪岷，张德明. 公司属性、经营绩效与经营管理团队薪酬 [J]. 商业研究，2006（23）：87 – 92.

[89] 张炜，逢锦彩. 国外国有资产监管体制比较研究 [J]. 税务与经济，2013（3）：18 – 22.

[90] 张占奎，王熙，刘戒骄. 新加坡淡马锡的治理及其启示 [J]. 经济管理，2007（2）：17 – 24.

[91] 赵妍，赵立彬. 晋升激励影响并购价值创造吗？——来自国有控股企业的经验证据 [J]. 经济经纬，2018（2）：158 – 164.

[92] 中国社会科学院工业经济研究所课题组，黄群慧，黄速建. 论新时期全面深化国有经济改革重大任务 [J]. 中国工业经济，2014（9）：5 – 24.

[93] 周建波，孙菊生. 经营者股权激励的治理效应研究——来自中国上市公司的经验证据 [J]. 经济研究，2003（5）：74 – 82.

[94] 周黎安. 中国地方官员的晋升锦标赛模式研究 [J]. 经济研究，2007（7）：36 – 50.

[95] 周美华，林斌，林东杰. 管理层权力、内部控制与腐败治理 [J]. 会计研究，2016（3）：56 – 63.

[96] 周铭山，张倩倩. "面子工程"还是"真才实干"？——基于政治晋升激励下的国有企业创新研究 [J]. 管理世界，2016（12）：116 – 132.

[97] Ades A. , DiTella R. . Rent, Competition and Corruption [J]. American Economic Review, 1999, 89（4）：982 – 993.

[98] Aggarwal, N. C. . Determinants of Executive Compensation [J]. Industrial Relations, 1981（20）：36 – 45.

[99] Aggarwal. R. K, Samwick. A. A. . Empire-builders and shirkers：investement, firm performance, and managerial incentives [J]. Journal of Corporate Finance, 2006, 12（3）：489 – 515.

[100] Aharnoy, J. , C. Lin, and M. Loed. Initial Public Offerings, Account-

ing Choices, and Earnings Management [J]. Contemporary Accounting Research, 1993, 10 (1): 61 –81.

[101] Alchian A.. Uncertainty, Evolution and Economic Theory [J]. Journal of Political Economy, 1950, 58 (3): 211 –221.

[102] Alessandri T. M, Seth A.. The Effects of Managerial Ownership on International and Business Diversification: Balancing Incentives and Risks [J]. Strategic Management Journal, 2014, 35 (13): 2046 –2075.

[103] Bai, Chong-En, Jiangyong Lu, and Zhigang Tao. Divergent Interests between Central and Local Governmends: Testing Theories of Public Ownership [R]. Working Paper, 2005.

[104] Barker V., G. Mueller. CEO Characteristics and Firm R&D Spending [J]. Management Science, 2002 (48): 782 –801.

[105] Bebchuk L. A., Fried J. M.. Executive Compensation as an Agency Problem [J]. Journal of Economics Perspectives, 2003 (5): 71 –92.

[106] Bebchuk, L., J. Fried, and D. Walker. Managerial Power and Rent Extraction in the Design of Executive Compensation [J]. The University of Chicago Law Review, 2002, 69 (3): 751 –846.

[107] Bergstresser, D., T. Philippon. CEO Incentives and Earnings Management [J]. Journal of Financial Economics, 2006, 80 (3): 511 –529.

[108] Berle, A., and G. Means. The Modern Corporation and Private Property [M]. New York: 1932: Macmillan.

[109] Burgstahler, D., and I. Dichev. Earnings Management to Avoid Earning Decreases and Losses [J]. Journal of Accounting and Economics, 1997 (24): 99 –126.

[110] Cao J, Lemmon M, Pan X. et al. Politicalpromotion, CEO Incentives, and the Relationship between pay and Performance [R]. Working Paper, 2011.

[111] Chang, E. C., and M. L. Wong. Governance with Multiple Objectives: Evidence from top Executive Turnover in China [J]. Journal of Corporate Finance, 2009, 15 (2): 230 –244.

[112] Cheng Q. , Warfield T. . Equity Incentives and Earnings Management [J]. The Accounting Review, 2005, 80 (2): 441 – 476.

[113] Cichello, M. , C. E, Fee, C. J. Hadlock. , R. Sonti. Promotions, Turnover, and Performance Evaluation: Evidence from the Careers of Division Managers [R]. Working Paper, 2006.

[114] Cohen D. A. , Dey A. , Lys T. Z. . Real and Accrual-Based Earnings Management in the Pre-and Post-Sarbanes-Oxley Periods [J]. The Accounting Review, 2008, 83 (3): 757 – 787.

[115] Cohen D. A. , Zarowiin P. . Accrual-based and Real Earnings Management Activities around Seasoned Equity Offerings [J]. Journal of Accounting and Economics, 2010, 50 (1): 2 – 19.

[116] Core J. E. , Holthausen R. W. , Larcker D. F. . Coprorate Governance, Chief Executive officer Compensation, and firm Performance [J]. Journal of Financial Economics, 1999, 51 (3): 371 – 406.

[117] Cyert R. M. , Kang S. H. , Kumar P. . Corporate Governance, Takeovers, and Top-management Compensation: Theory and Evidence [J]. Management Science, 2002, 48 (4): 453 – 469.

[118] Datta S. , Iskandar-Datta M. , Raman K. . Executive Compensation and Corporate Acquisition Decisions [J]. Journal of Finance, 2001, 56 (6): 2299 – 2336.

[119] Dechow, P. M. , R. Sloan, A. P. . Sweeney. Detecting Earnings Management [J]. The Accounting Review, 1995, 70 (2): 193 – 225.

[120] DeFond, M. L. , J. Jiambalvo. Debt Covenant Violation and Manipulation of Accruals [J]. Journal of Accounting and Economics, 1994, 17 (1): 145 – 176.

[121] DeFond, M. L. , Subramanyam, K. R. . Auditor Changes and Discretionary Accruals [J]. Journal of Accounting and Economic, 1998, 25 (1): 35 – 68.

[122] Denis. D. , P. Hanouna, Sarin. Is there a Dark Side to Incentive Compensation? [J]. Journal of Corporate Finance, 2006, 12 (3): 467 – 488.

[123] Dewenter, Kathryn L. , Paul H. . State-owned and Privately Owned

Firms: A Empirical Analysis of Profitability, Leverage and Labor Intensity [J]. The American Economic Review, 2001, 91 (1): 320 –334.

[124] D. Harris, C. Helfat. Specificity of CEO human capital and compensation [J]. Strategic Management Journal, 1997, 11: 895 –920.

[125] Ellen Engel, Rachel M. Hayes, Wang Xue. CEO Turnover and Properties of Accounting Information [J]. Journal of Accounting and Economics, 2003, 36: 197 –226.

[126] Fan J. P. H. , Wong T. J. , Zhang T. Y. . Politically-Connected CEOs, Corporate Governance and Post-IPO Performance of China's Newly Partially Privatized Firms [J]. Journal of Financial Economics, 2007, 84 (2): 330 –357.

[127] Francis J. , A. Huang, S. Rajgopal and Zang, A. . CEO Reputation and Earnings Quality [J]. Contemporary Accounting Research, 2008, 25 (1): 109 –147.

[128] Friedlan, J. . Accounting Choices of Issuers of Initial Public Offerings [J]. Contemporary Accouning Research, 1994, 11 (1): 1 –31.

[129] Gibbons R. , Murphy K. J. . Relative performance evaluation for chief executive officers [R]. National Bureau of Economic Research, 1991.

[130] Graham, J. R. , Harvey, C. R. and Rajgopla, S. . The Economic Implications of Corporate Financial Reporting [J]. Journal of Accounting and Economics, 2005 (40): 3 –73.

[131] Guidry, F. J. , Leone, A. , Rock, S. . Earnings-based Bonus Plans and Earnings Management by Business-unit Managers [J]. Journal of Accounting and Economics, 1999, 26 (1): 113 –142.

[132] Hagerman, R. L. , M. E. , Zmijewski. Some Economic Determinants of Accounting Policy Choice [J]. Journal of Accounting and Economics. 1979, 1 (2): 141 –161.

[133] Hall B. J. , Liebman J. B. . Are CEOs Really Paid Like Bureaucrats? [J]. The Quarterly Journal of Economics, 1998, 113 (3): 653 –691.

[134] Hambrick D. C. , Finkelstein S. . Theeffects of Ownership Structure on Conditions at the Top: the Case of CEO Pay Raises [J]. Strategic Management,

1995（16）：175 – 193.

［135］ Hart O. . The Market as an Incentive Mechanism ［J］. Bell Journal of Economics, 1983（14）：366 – 382.

［136］ Harvey K. D. , Shrieves R. E. . Executive Compensation Structure and Corporate Governance Choices ［J］. Journal of Financial Research, 2001, 24（4）：495 – 512.

［137］ Healy, P. M. , Wahlen, J. M. . A Review of the Earnings Management Literature and Its Implications for Standard Setting ［J］. Accounting Horizon, 1999, 13（4）：365 – 383.

［138］ Healy, P. M. . The Effect of Bonus Schemes on Accounting Decision ［J］. Journal of Accounting and Economics, 1985, 7（1）：85 – 107.

［139］ Holmstrom B. Moral Hazard, Observability ［J］. The Bell Journal of Economics, 1979（2）：74 – 91.

［140］ Holthausen, R. W. . Accounting Method Choice：Opportunistic Behavior, Efficient Contracting and Information Perspectives ［J］. Journal of Accounting and Economics, 1990, 12（1）：207 – 218.

［141］ Hong Y. T. , Huseynov F. , Zhang W. . Earnings Management and Analyst Following：A Simultaneous Equations Analysis ［J］. Financial Management, 2014, 23（3）：134 – 145.

［142］ James G. C. , Marua S. S. . Managerialist and Human Capital Explanation for Key Executive Pay Premiums ［J］. Academy of Management Review, 2003（1）：63 – 73.

［143］ Jensen M. , Meckling W. . Theory of the firm：Managerial behavior, agency costs and ownership structure ［J］. Journal of Financial Economics, 1976, 3（4）：305 – 360.

［144］ Jensen, M. . Agency Costs of Free-cash-flow, Corporate Finance, and Takeovers ［J］. American Economic Review, 1986, 76（2）：323 – 329.

［145］ Jensen M. C. , Murphy K. J. Performance Pay and Top-Management Incentives ［J］. The Journal of Political Economy, 1990, 98（2）：225 – 264.

［146］ Jerry C. , F. P. Xiao , T. Gary. Disproportional Ownership Structure and Pay-performance Relationship: Evidence from China's Listed Firms [J]. Journal of Corporate Finance, 2011, 17 (3): 541 - 554.

[147] Jones, J.. Earnings Management During Import Relief Investigations [J]. Journal of Accounting Research, 1991, 29 (2): 193 - 228.

[148] Kale, J. R. , E. Reis, and A. Venkateswaran. Rank-Order Tournaments and Incentive Alignment: The Effect on Firm Performance [J]. Journal of Finance, 2009, 64 (3): 1479 - 1512.

[149] Khanna, T. , Y. Yafeh. Business Groups in Emerging Markets: Paragons or Parasites [J]. Journal of Economic Literature, 2007 (45): 331 - 372.

[150] Kini O, Williams R.. Tournament Incentives, firm risk, and Corporate Policies [J]. Journal of Financial Economics, 2012, 103 (2): 350 - 376.

[151] Lazear E. P. , Rosen S.. Rank Order Tournaments as an Optimum Labor Contract [J]. Journal of Political Economy, 1981 (89): 841 - 864.

[152] Li, David D. , Minsong Liang. Causes of the Soft Budget Constraint: Evidence on Three Explanations [J]. Journal of Comparative Economics, 1998 (26): 104 - 116.

[153] Li, H. B. , Zhou, L. A.. Political Turnover and Economic Performance: The Incentive Role of Personnel Control in China [J]. Journal of Public Economics, 2005, 89 (9 - 10): 1743 - 1762.

[154] Liao, G. , X. Chen, X. Jing. , J. Sun. Policy Burdens, Firm Performance, and Management Turnover [J]. China Economic Review, 2009, 20 (1): 92 - 118.

[155] Louis, H.. Earnings Management and the Market Performance of Acquiring Firms [J]. 2004 (74): 121 - 148.

[156] Marino, A. M. , J. Zabojnik. Work-related Perks, Agency Problem, and Optimal Incentive Contracts [J]. Journal of Economics, 2008, 39 (2): 565 - 585.

[157] Morse, A. , V. Nanda, and A. Seru. Are Incentive Contracts Rigged by Powerful CEOs [J]. The Journal of Finance, 2011, 66 (5): 1779 - 1821.

[158] Murphy, K.. Executive Compensation [J]. Handbook of Labor Eco-

nomics, 1999 (3): 2485 - 2563.

[159] Murphy, K.. Explaining Executive Compensation: Managerial Power versus the Perceived Cost of Stock Options [J]. The Universitiy of Chicago Law Review, 2002, 69 (3): 847 - 869.

[160] Newman, H., and H. Mozes. Does the Compensation of the Compensation Committee Influence CEO Compensation Practices [J]. Financial Management, 1999, 28 (3): 41 - 53.

[161] Nohel, T., S. Todd. Compensation for Managers with Career Concerns: The Role of Stock Options in Optimal Contracts [J]. Journal of Corporate Finance, 2005, 11 (1 - 2): 229 - 251.

[162] Qian, Y., G. Roland. Federalism and the Soft Budget Constraint [J]. The American Economic Review, 1998, 88 (5): 1143 - 1162.

[163] Rajan R. G., J. Wuif. Are Perks Purely Managerial Excess [J]. Journal of Financial Economics, 2006, 79 (3): 1 - 33.

[164] Richardson S. Over-investment of free cash flow [J]. Review Accounting Study, 2006 (11): 159 - 189.

[165] Roychowdhury S.. Earnings Management through Real Activities Manipulation [J]. Journal of Accounting and Economics, 2006, 42 (3): 335 - 370.

[166] Sloan R. G.. Accounting Earnings and top Executive Compensation [J]. Journal of Accounting and Economics, 1993, 16 (1): 55 - 100.

[167] Teoh S. H., Wong T. J., Rao G. R.. Are Accruals During Initial Public Offerings Opportunistic [J]. 1998, 3 (1 - 2): 175 - 208.

[168] Watts, R. L., Zimmerman, J. L.. Towards a Positive Theory of the Determination of Accounting Standards [J]. The Accounting Review, 1978, 53 (1): 112 - 134.

[169] Wongsunwai W.. The Effect of External Monitoring on Accrual-Based and Real Earnings Management: Evidence from Venture-Backed Initial Public Offerings [J]. Contemporary Accounting Research, 2013, 30 (1): 296 - 324.